Beatrix Schulte

W0087307

Die Seelenfeder

Wie wir durch Schreiben wieder in Kontakt mit uns selbst kommen

Inhalt

Vorwort

Die Notizbücher mit den blauen Rücken, die zwei Blei-
stifte und der Bleistiftanspitzer (ein Taschenmesser war zu
verschwenderisch), die Tische mit den Marmorplatten, der
Geruch des frühen Morgens, des Ausfegens und Aufwi-
schens und Glück, war alles, was du brauchtest.

Ernest Hemingway (Paris – Ein Fest fürs Leben)

Können Sie sich vorstellen, wie es ist, drei Monate keine Termine
zu haben, nichts und niemandem verpflichtet zu sein, und die
einzige Frage morgens ist, in welches Café man zum Schreiben
geht? Ich habe es erleben dürfen und Sie halten das Ergebnis
gerade in Ihren Händen. Von Januar bis März habe ich dieses
Buch unter der Sonne Spaniens in den Cafés von Girona geschrieben.

Girona ist eine durch und durch romantische, fast verwunschene
Stadt mit engen Gassen, geheimnisvollen Nischen, spirituellen
Orten und zahlreichen Brücken über den Onyar, der die Stadt in
Alt und Neu aufteilt. Sie ist nicht zu groß, nicht zu klein, ge-
schichtsträchtig durch alte Kirchen und Bauten und es scheint,
als ob jede Ecke eine spannende Geschichte zu erzählen hätte.
Diese mittelalterliche Stadt habe ich eher zufällig ausgewählt, es
war die erste große Stadt nach der französischen Grenze.

Ich habe mir damit einen lang gehegten Traum erfüllt: mehrere
Monate in einem Land zu sein, dessen Sprache ich liebe, und in
Cafés zu schreiben. Ich liebe es, im Café mein kleines Notizbuch

und einen Stift aus der Tasche zu kramen, in die Ferne zu blicken und zu schreiben. Ich liebe die Geräusche um mich herum, das Klappern von Tassen auf Untertassen, das Brummen der Kaffeemaschinen, den Duft von Kaffee und den Genuss aus einer kleinen Tasse Café Creme und das Bargeflüster um mich herum. Ich kann mir in dem Moment nichts Schöneres vorstellen.

Schreiben ist für mich wertvoll, ich genieße die Stunden mit mir und meinem Buch und Stift. Deswegen war es mir auch wichtig, dieses Buch mit einem Bleistift und Füllfederhalter zu schreiben. Hätte ich das Buch direkt in den Laptop eingegeben, wäre das Wichtigste vielleicht auch gesagt worden, nur hätte ich nicht die gleiche Sinnlichkeit, Herzlichkeit und Freude erlebt und darum geht es beim Schreiben.
Ich hoffe, dass Sie mit der gleichen Begeisterung schreiben und Kaffee trinken wie ich.

Ihre
Beatrix Schulte

Besuchen Sie mich auf meinem Blog www.meine-schreibbar.de oder, wenn Sie das Schreiben in Cafés so lieben wie ich, in unserer Facebook-Gruppe: „Schreiben in Cafés". Dort stellt jeder, der möchte, sein Lieblingscafé in seiner Heimat oder auf Reisen vor. Willkommen!

Einführung –
Die Kraft des Schreibens

Sie haben einen Schatz in Ihrem Inneren.
Schreiben Sie ihn wach!

Das Thema Schreiben ziert seit einiger Zeit die Titelseiten vieler Zeitschriften. Schreiben wird entdeckt oder wiederentdeckt. Dort heißt es, Schreiben sei wie eine Umarmung mit Worten, Schreiben mache glücklich oder Schreiben sei Magie. Recht haben sie alle und ich freue mich, dass meine Art, das Leben zu begreifen, nämlich schreibend, auch für andere Menschen eine Erfüllung zu sein scheint.

Mir geht es in diesem Buch nicht um das literarische, poetische oder analysierende Schreiben, wie wir es aus der Schule kennen. Hier ist das Schreiben als kreativer Prozess der Selbstentfaltung gemeint. Und deswegen hat es auch nichts mit Bewertung und Noten zu tun oder mit Ausgrenzung derer, die sich nicht zum Schreiben berufen fühlen. Jeder kann schreiben, der Freude daran hat. Mann oder Frau, jung oder alt, begabt oder unbegabt, neugierig oder gelangweilt, reich oder arm! Voraussetzung ist, sich selbst für so wichtig und wertvoll zu erachten, dass man sich diese Zeiten der Ruhe, Muße und Einkehr gönnt. Ohne die geht es nicht. Und obwohl es unser innerer Künstler nicht gerne hört: Schreiben hat immer auch etwas mit Disziplin zu tun! Ohne eine Verpflichtung zum regelmäßigen Schreiben wird sich keine positive Wirkung zeigen.

Im Folgenden seien Ihnen einige der positiven Wirkungen des Schreibens kurz skizziert, bevor wir tiefer in das Thema eindringen.

Nähe

Ich bin die drei Monate in Spanien mehr oder weniger allein gewesen, aber ich habe kaum das Gefühl der Einsamkeit verspürt. Ich fühlte mich beseelt, erfüllt und sehr gesammelt. Beim Schreiben sind wir zwar allein, aber wir fühlen uns nicht einsam, denn wir sprechen die ganze Zeit mit uns selbst und kommen uns Wort für Wort näher. Mit der Feder in der Hand, kommen alle unsere Anteile zu Wort, auch die, die lange verschüttet waren. Wir bauen eine Verbindung zu unserer Seele auf: die Seelenfeder vereint das Bewusste und Unbewusste. Das Schöne daran, in dem Moment, in dem wir uns selbst nah sind, fühlen wir uns auch den anderen viel näher und der tägliche Kontakt wird intensiver und achtsamer.

Ordnung

Es liegt in der Natur unseres Geistes, Gedanken hervorzubringen, die ungehindert zwischen Vergangenheit und Zukunft hin- und herwandern. Oft verstricken wir uns, sodass es zu einer inneren Unordnung kommt. Das macht uns höchst unzufrieden und blockiert uns, weil wir nicht wissen, was wir sollen und wollen. Ein Weg zur Klarheit des Geistes führt über das Schreiben und der dadurch stattfindenden inneren Zentrierung. Mit dem Schreiben halten wir die Gedanken an, sortieren aus und um, bis alles wieder eine gerade Linie ergibt. Im Schreiben halten wir die Welt an und bahnen uns den Weg durchs Chaos. Schreibend finden wir unseren Platz und viel besser: wir nehmen ihn auch ein!

9

Freiheit

Neurowissenschaftler haben entdeckt, dass unsere Vergangenheit, die uns oft belastet, nicht immer belastend bleiben muss. Wenn wir eine Erinnerung abrufen, mag sie noch so erschreckend oder schmerzhaft sein, und dies in einem entspannten Umfeld tun, können sich die Gefühle, die die Erinnerung in uns wachruft, ändern. Nicht selten entsteht auch eine völlig andere Wahrnehmung der Situation, dadurch dass wir etwas anderes, was unbewusst war, entdecken.

Wenn wir in einer schönen Umgebung wie in einem Café oder in einem Seminarraum mit schönen Heften und edlen Stiften sitzen, umgeben von netten Menschen, die uns wohlwollend gesinnt sind und unangenehme Erinnerungen aufschreiben, ändern sich die Gefühle zu den Erinnerungen und damit die Deutung der Ereignisse!

Julia Cameron schreibt in ihrem Klassiker „Der Weg des Künstlers": Kunst befreit den Künstler. Das Erfassen unserer Gedanken und Gefühle ordnet, klärt und reinigt, damit wir uns von längst überfälligen alten Mustern der Kindheit befreien und uns auf eine liebevolle Art und Weise neu als jemand begegnen, der wir wirklich sind. Schreiben wird so zu einem treuen Begleiter in den Stürmen des Lebens. Mehr als einmal zwingt es uns Entscheidungen ab, die längst überfällig geworden sind und setzt in uns die Energie frei, die für einen Neuanfang so wichtig ist.

Kreativität

Wenn sich das Bewusste mit dem Unbewussten verbindet, kann sich unsere Kreativität voll und ganz entfalten. Die bewusste

Seite des Schreibenden, die von der linken Gehirnhälfte gesteuert wird, die für das Denken, die Sprache, Schreiben und Lesen verantwortlich ist, ist die des Handwerkers und Kritikers. Die unbewusste Seite des Schreibenden, die von der rechten Gehirnhälfte gesteuert wird, die für die Gefühle, Intuition und die Fantasie verantwortlich ist, ist die des Künstlers. Durch das Automatische oder Freie Schreiben (siehe Kapitel 3) werden diese beiden Anteile verbunden.

So kann die Kreativität, die uns allen inne wohnt, offen gelegt werden. Wenn wir das Schreiben regelmäßig praktizieren, werden blockierende Gedanken und Gefühle losgelassen, bis neue Impulse hervorbrechen. Wir können die Früchte aufsammeln, die aus dem Zusammenspiel der beiden Gehirnhälften für besondere Intensität sorgen.

Klarheit

Wer schreibt, ist in dem Moment aktiv, nicht passiv. Er handelt und übernimmt damit Verantwortung für sein Leben. Wir werden uns klar darüber, wer wir sind: Schöpfer, nicht Opfer unseres Lebens. Wir durchdringen in einem inneren Dialog mit uns selbst unsere unbewussten Handlungs- und Denkmuster.

Wir erhalten Antworten auf dringende Fragen, wenn wir einfach den Stift aufs Papier setzen und drauflos schreiben. Vorher formulieren Sie die Frage in einem Satz. Hören Sie erst auf, wenn Sie den Impuls dazu verspüren. Ganz wichtige Dinge kommen erst, nachdem man keine Lust mehr hat zu schreiben. Es ist, als ob uns das Unbewusste einen Streich spielen will. Na, wie lange hält sie durch, will sie der Sache wirklich auf den Grund gehen?

Manchmal kommt man sich dumm vor, weil auf dem Papier nur Gekritzel entsteht, unzusammenhängende Sätze. Doch das Wichtige ist: Sie schreiben nie umsonst! Lesen Sie sich das Geschriebene eine Woche später durch und es wird etwas auftauchen, was Sie innehalten lässt, was eine Lösung aufzeigt oder eine andere Sichtweise offenbart.

Wer sich Klarheit bei einer Entscheidung erhofft, kann die Argumente für und wider in zwei Spalten aufschreiben. Manchmal reicht schon ein Blick auf die Anzahl der Punkte, um zu erkennen, was richtig ist. Manchmal bekommt man beim Aufschreiben plötzlich ein bestimmtes Bild oder ein Gefühl taucht auf, was die Entscheidung einfacher macht.

Gesundheit

Mehr als 200 medizinische Studien belegen, dass Schreiben heilend auf Körper, Geist und Seele wirkt. Unabhängig von der Form des Schreibens wie Automatisches oder Autobiographisches Schreiben, Expressives oder Therapeutisches Schreiben, konnten für depressive Verstimmungen, posttraumatische Belastungsstörungen, Asthmatiker und Menschen mit chronischen Beschwerden somatische Verbesserungen festgehalten werden.

Die meisten Krankheiten entstehen durch Stress. Worte fließen zu lassen, entspannt, weil wir die Sorgen, Ängste und Nöte auf dem Papier ordnen, verarbeiten und loslassen können. Verschließen wir dagegen diese Gefühle in uns, wirken sie kräftezehrend im Unbewussten. Nicht nur, dass sie immer wieder Situationen anziehen, die uns schaden, sie beginnen auch ein Eigenleben zu führen, das wir nicht mehr kontrollieren können.

Durch das Schreiben werden Ihnen schädigende Handlungsmuster klar und mit der Zeit finden Sie einen Weg, um sie zu verändern. Das Wichtigste ist jedoch, dass jeder, der an einer psychosomatischen Krankheit leidet, mit dem Schreiben ein Ventil findet, um sich wieder zu spüren, zu entspannen und eine aktive Rolle einzunehmen. Man fühlt sich der Krankheit nicht länger hilflos ausgeliefert, sondern übernimmt die Gestalterposition.

Lebendigkeit

Wenn wir schreiben, fühlen wir uns lebendig. Das Schreiben öffnet unser Herz und wir können das Leben unmittelbar berühren. Schreiben ist für mich eine Form der Existenz – ein in der Welt sein. Wie bin ich in der Welt, wie nehme ich an ihr teil? Schreibend!

Das Schreiben bietet uns die Voraussetzung, um am Leben teilzunehmen, mehr noch: es anzunehmen und durch und durch zu bejahen.

Schreiben ist Leben –

Impulse aus den Cafés von Girona

Es geht los

Ich sitze im Café Lapsus am Plaza Independència und die Sonne scheint dort um die Mittagszeit genau auf mein Heft. Ich schaue auf das bunte Treiben vor mir, neben mir steht ein Café con leche. Endlich. Ich bin hier. Ich schreibe. Und Sie lesen.

Rainer Maria Rilke stellt einem jungen Dichter die alles entscheidende Frage: *„Müssen Sie schreiben? Können Sie ohne zu schreiben leben? Wenn nicht, ist das die Voraussetzung für Schreiben können. Wenn ja, sollten Sie das Schreiben lassen. Es ist das Prinzip des Ganz oder Gar nicht."*

Ja, Herr Rilke, ich muss dieses Buch schreiben und ich muss es per Hand tun, auch wenn die Worte, die sich seit Jahren aufgestaut haben, so schnell herausströmen, dass ich kaum mitkomme. Meine rechte Hand ist viel schreiben nicht mehr gewöhnt.

Dieses Vergnügen zu schreiben, entdeckte ich für mich mit 11 Jahren, als ich mein erstes Tagebuch von meiner Tante geschenkt bekam. Es ist klein und mit einem rötlich verschnörkelten Buchdeckel verziert. Ich nannte es zunächst Susi nach meiner damaligen Freundin, dann Ixi, nach der Sängerin von "Mach mir doch keinen Knutschfleck...". Die Frau war meine Heldin und das Lied spielte unentwegt auf meinem Cassettenrekorder. Susi und

Ixi vertraute ich meine Gedanken und Gefühle, kurz mein ganzes kleines Leben, an. Und indem ich das tat, eroberte ich mir meine eigene Stimme als einziges Mädchen zwischen vier Brüdern. Ich war auf Gehorsam, Liebsein und sich Zurücknehmen programmiert worden und anstelle meiner Eltern mit der Äußerung von Meinungen, Bedürfnissen, Wünschen, kurzum: „Spinnereien" die Zeit zu stehlen, ging ich die Treppe hoch auf mein Zimmer, setzte mich an meinen Schreibtisch, zog die rechte untere Schublade auf, holte meinen roten Schmuckkasten heraus und das gelbe Überraschungsei, in dem ich den Schlüssel versteckt hielt. Im Schmuckkasten unter dem Kaugummiautomaten-Schmuck war mein Geheimfach, dort lag mein Tagebuch. Ich legte es vor mich hin, blickte aus dem Fenster und begann meine Gedanken und Gefühle zu ordnen durch das geschriebene Wort, während um mich herum viel Chaos herrschte. In meinem Tagebuch schwärmte ich für Jungs, weinte mich aus, wenn ich mich ungerecht behandelt fühlte oder von der Schule schlechte Noten mit nach Hause brachte.

In Zeiten des Studiums verlief sich das Tagebuchschreiben und erst als ich das Buch von Julia Cameron geschenkt bekam, entdeckte ich die Freude an dem freien Schreiben in Form der Morgenseiten. Seitdem schreibe ich nicht nur beruflich, indem ich Ratgeber verfasse, sondern auch privat, indem ich Schreibbücher jeder Art führe.

Was Sie schreiben und worüber, hängt von Ihrer inneren Stimmung ab. Legen Sie sich einen Vorrat an schönen Blancobüchern, einfachen Heften, Ringbüchern, Tagebüchern und kleinen Notizbüchern zu. Lassen Sie Ihr Herz entscheiden, welches Sie zur Hand nehmen und legen Sie los! Es reichen fünf Minuten jeden Tag, die Sie sich schreibend schenken.

1. *Das Tagebuch für Ihre Erlebnisse, Gedanken und Gefühle*
2. *Das Tagebuch für Ihre Wünsche*
3. *Das Dankbarkeits-Tagebuch*
4. *Das Buch für Ihre Autobiographie*
5. *Das Ideenbuch für geniale Geistesblitze*
6. *Das Affirmationsbuch für motivierende Glaubenssätze*
7. *Das Literarische Buch für Gedichte oder Erzählungen (eigene oder abgeschriebene Texte, die Sie mögen)*
8. *Das Traumbuch für das Festhalten Ihrer Träume*
9. *Das Notizbuch für mehr Achtsamkeit im Alltag*
10. *Das Briefbuch für die Briefe, die man nie abschickt*

In jedem steckt ein Künstler

Ich sitze im Café Girona und blicke auf den Platz vor mir. Rechts ist ein Zeitungsstand, an dem es so gut wie jede internationale Zeitung gibt. In der Nähe stehen viele Bänke, auf denen sich meistens Omas und Opas zu einem Plausch treffen. Ich denke an meine Mutter, die sich diese Zeit der Geselligkeit nie genommen hat. Und ich denke an ihre Schreibversuche.

Als meine Mutter um die 80 war, las sie mir bei einem meiner Besuche plötzlich den Anfang ihrer möglichen Biographie vor. Es waren nur ein oder zwei Seiten. Sie wollte aus der Sicht der Linde vor dem heimatlichen Bauernhof schreiben. Ich war sehr überrascht und wenn ich heute das Gefühl deuten sollte, war es Scham, denn ich war so von ihren Worten berührt, hatte aber nicht den Mut, es zu zeigen. Sicher habe ich sie öfter ermuntert, über ihre Erlebnisse zu schreiben, weil sie so gut erzählen konnte, aber ich habe sie nicht konkret darin unterstützt. Bis es zu spät war. Das bereue ich.

Vor kurzem gab mir mein älterer Bruder einen Umschlag in die Hand mit den Worten: „Das wird dich interessieren." Es waren 10 von ihr dicht beschriebene Blätter, die sie für ein Schulprojekt ihrer Enkelin geschrieben hatte. Sie schrieb über das Kriegsende, als die amerikanischen Soldaten ihren Hof besetzten und sie mit ihren 7 Brüdern, ihren Eltern und einer Tante das Haus gegen den Stall eintauschen mussten. Sie schildert die Todesangst in dieser ersten Nacht im Stall und ich war gebannt von dieser spannenden und dichten Erzählung.

Warum schreibe ich Ihnen das? Meine Mutter war eine Künstlerin, der nie jemand gesagt hat, dass das eine Begabung ist, dass sie daraus einen Beruf machen darf, dass das eine Form höchster Intelligenz ist. Es war nicht die Zeit dafür, jemanden zu ermutigen, sein künstlerisches Talent auszuleben. Es war die Zeit, hart zu arbeiten.

Nutzen Sie hier und jetzt das Privileg, schreiben zu dürfen, wann und soviel Sie wollen. Schreiben Sie! Es muss keine Biographie sein, sie müssen gar nichts Tolles erlebt haben, Sie müssen sich nicht berufen fühlen zum Schriftsteller oder zur Dichterin, Sie können sogar in der Schule im Fach Deutsch ein ausreichend auf dem Abschlusszeugnis gehabt haben – es ist völlig gleichgültig und sollte Sie niemals davon abhalten, mit dem Schreiben zu beginnen. Warum? Weil es Sie völlig unabhängig von Lehrern, Gurus oder Trainern zum Leben in Fülle führt.

Lassen Sie sich niemals den Stift Ihres Lebens aus der Hand nehmen, folgen Sie dem inneren Impuls zum Schreiben. Und wenn

Sie bis jetzt noch keinen Impuls gefühlt haben, setzen Sie trotzdem den Stift aufs Papier, schreiben Sie alles auf, was in Ihnen ist und warten Sie ab.

> *Schreiben löst Ängste, Sorgen, Anspannungen und Wut.*
> *Schreiben löst Konflikte und fördert die Vergebung.*
> *Schreiben verbindet Sie mit anderen Menschen.*
> *Schreiben ist gesund, es stärkt Ihr Immunsystem und senkt Ihren Blutdruck.*
> *Schreiben entfaltet Ihre Kreativität.*
> *Schreiben bringt Sie Ihrem Wesenskern näher.*
> *Schreiben weckt Ihre spirituelle Kraft.*

Umwege gehen

Bei der Recherche zu meinem Buch bin ich auf Professoren für das Schreiben gestoßen, die in meinen Augen von Beginn ihrer Karriere an alles richtig gemacht haben. Sie wussten, was sie wollten und konnten und haben das umgesetzt. Jetzt lehren sie an der Uni, schreiben Bücher und sind Experten auf dem Gebiet. Ich frage mich, wie mein Leben verlaufen wäre, wenn ich direkt Kreatives Schreiben studiert hätte oder früher „Der Weg des Künstlers" gelesen hätte.

Jedoch, ist es wirklich besser, direkt alles richtig zu machen? Den glatten Lebenslauf zu haben ohne Lücken, Zweifel und Umwege?

Ich wusste nach dem Abitur nicht, was ich studieren sollte. Das einzige Unterrichtsfach, das mir große Freude machte, war Philosophie. Für ein Semester studierte ich Geographie. Dort lernte ich meine erste Liebe kennen, die nicht von langer Dauer war, mit der ich jedoch bis heute in gutem Kontakt stehe. Es vergeht kein Jahr, ohne dass er sich bei mir meldet und mir für die Blog-artikel dankt, die ihn immer wieder auf andere Gedanken bringen. Danach studierte ich Pädagogik, das mir gerade heute in der Kommunikation mit Jugendlichen oder Inhaftierten hilft. Was lernen wir daraus? Für mich gibt es keinen richtigen Weg. Es gibt Wege, die dank der Umwege dorthin führen, wo wir hingehören.

Viele Schriftsteller wählen gerade die Umwege oder Krisen als Idee zum Roman.

Es würde die großen Romane der Weltliteratur nicht geben, wenn die Schriftsteller nur gerade Biographien ohne Stolperstei-ne gehabt hätten. Ihre Kraft liegt genau darin, trotz ihrer Vergan-genheit oder Krise, neue Hoffnung zu schöpfen. Das Ringen mit dem Leben und dem Schicksal macht uns zu den Menschen, die wir sind. Menschen, die nach Lebensumwegen sagen: „Es hatte alles seinen Sinn", sind innerlich gewachsen. Menschen, die direkt alles perfekt machen wollen und darauf bedacht sind, keine Feh-ler zu machen, bleiben in ihren Möglichkeiten beschränkt.

Wenn ich früher gerade mal wieder einen Umweg gegangen war und frustriert bei meiner Mutter am Küchentisch saß, pflegte sie zu sagen: „Wer weiß, wozu es gut ist." Sie behielt Recht. Es kam der Tag, an dem ich es wusste.

Malen ja, aber Schreiben?

Als ich in Deutschland mit meinen Künstlerkollegen die Büros im heimatlichen Sauerland eröffnete, schoben sich viele Leute durch mein kleines Rosamunde-Pilcher-Paradies, wie es mein

Malerkollege gern nennt. Bei einem Gespräch mit einer sehr offenen und herzlichen Frau erzählte ich von dem Visionsseminar, das ich zusammen mit meiner anderen Maler-Kollegin dort leite. Sie schaute mich völlig entgeistert an, wehrte mich schroff mit den Händen ab und sagte: „Also ich kann mir ja noch vorstellen, dass mich jemand zum Malen bringt, aber zum Schreiben? – Niemals!"

Die meisten Menschen wissen nichts von ihren künstlerischen und kreativen Fähigkeiten, die darauf warten, freigelegt zu werden. Zu oft sind sie in der Schule oder zu Hause bewertet worden für die ersten Versuche, sich schriftlich oder malend auszudrücken. Entweder kamen Kommentare wie „Na, ein Hemingway wirst du nicht" oder „Wer soll das Gekritzel denn erkennen?" Das führt zu einer großen Verunsicherung, der wir uns als Kinder ungeschützt ausgeliefert fühlen. Wir wissen es nicht besser, glauben dem Urteil der anderen ungefiltert und lassen jeden weiteren Versuch sein. Wer wird schon gerne ausgelacht für etwas, bei dem er seine Seele öffnet?

Ja, es kostet Mut zu schreiben, denn wir verlassen das Gewohnte. Warten Sie nicht auf die richtige Stimmung oder das schönste Buch oder den edelsten Stift. Legen Sie jetzt los – wenn es sein muss auf einer Serviette und mit dem Stift der Kellnerin. Nur so lernen Sie, dem Schreiben zu vertrauen.

Meine Aufgabe in Seminaren ist es, alte Überzeugungen über unsere Unfähigkeit aufzubrechen. Ich stelle zu Beginn einfache Fragen und lasse die Teilnehmer 10 Minuten alles aufschreiben, was ihnen in den Kopf kommt, ohne es vorlesen zu müssen. Und sie schreiben weiter über Werte, Sehnsüchte und Träume. Irgendwann ist der innere Kritiker müde. Die Freude am freien

Schreiben überwiegt und es ist zu spannend, welche Erkenntnisse hieraus für jeden einzelnen entstehen.

Morgenstund hat Gold im Mund

Wenn Sie das Schreiben als einen festen Bestandteil in Ihr Leben integrieren wollen, so empfehle ich Ihnen das frühe Schreiben. Stehen Sie eine Stunde früher auf als gewohnt, meditieren und schreiben Sie, und Sie werden den ganzen Tag viel bewusster, fröhlicher und konzentrierter verbringen.

Noch schlaftrunken nutzte der französische Philosoph Paul Valéry die frühen Morgenstunden ab 5 Uhr, um seine „seelische Morgengymnastik" zu betreiben, d.h. seine Gedanken so niederzuschreiben, dass er das „geistig-seelische Feld" freilegen konnte. Auch er war davon überzeugt, dass „jedermann" ein „solch verborgenes Reich" in sich trägt.

Morgens ist auch für mich die produktivste Zeit. Ich nutze diese Stunden, um frisch und klar Ideen umzusetzen oder neue zu entwickeln. Neurowissenschaftler haben festgestellt, dass unsere kreativen Erlebnisse eher den Wellen im Schlafzustand ähneln als im Wachzustand. Das finde ich sehr interessant, denn das würde erklären, warum so viele erfolgreiche Menschen früh morgens aufstehen, um sich innerlich auf den Tag einzustimmen. Morgens scheint es, dass wir die kreativen Ideen der Nacht leichter aufsammeln können.

„Ich hatte bereits gelernt, nie den Brunnen meines Schreibens zu leeren, sondern immer aufzuhören, wenn in dem tiefen Teil des Brunnens noch etwas darin war und ihn sich nachts von den Quellen, die ihn speisten, auffüllen zu lassen."

Ernest Hemingway

Ich selbst stehe gegen halb 6 Uhr auf, je nachdem, wann ich abends zu Bett gegangen bin. Nachdem ich mir einmal durchs Gesicht gewaschen habe, setze ich meinen Ingwertee auf, mache 10 Minuten Yoga und Rückengymnastik, damit ich nicht wieder einschlafe und trinke den Tee. Danach meditiere ich 5 Minuten und scheitere oft an dem Versuch, meine Gedanken ruhiger werden zu lassen. Deswegen mache ich noch 6 Minuten Energiearbeit nach dem „Healing Code" von Dr. Alex Loyd (siehe gleichnamiges Buch oder Videos auf Youtube).

Danach folgt die längere Zeit für das Schreiben. Ich schreibe zunächst ein paar Seiten mit aufsteigenden Gedanken und Gefühlen voll, so wie sie kommen, ungefiltert und ohne Punkt und Komma. Das entleert den Kopf. Dann nehme ich mir mein „Tagebuch meiner Wünsche" und schreibe mir ein paar Wünsche für den Tag auf. Weiter schreibe ich in mein Affirmationsbuch eine Seite positiver motivierender Sätze, die mich davon überzeugen sollen, dass ich ein wertvoller Mensch bin, Erfolg und Liebe verdiene und „alles gut ist in meiner Welt". Bevor ich mit meinem Hund eine Runde durch den Wald gehe, lese ich noch ein Kapitel aus einem interessanten Buch oder der Bibel.

Abends nehme ich mein Dankbarkeits-Tagebuch zur Hand und schreibe drei Dinge hinein, für die ich an dem Tag dankbar bin. In meinem Kalender notiere ich mir als letztes die Dinge, die ich am anderen Tag erledigen möchte. Auf meinem Nachttisch liegen so immer ca. 5-6 Bücher oder Hefte, in die ich regelmäßig reinschreibe. Auch wenn das viel erscheinen mag, ich möchte Sie dazu einladen, es mir gleichzutun. Es bringt rein gar nichts, das Buch zu lesen und es danach an die Seite zu legen. Es bringt auch nichts, sich schöne Blancobücher zu kaufen und sie leer ins Regal zu stellen. Schreiben Sie!

Wenn Sie Schreib-Anfänger sind, habe ich Ihnen hier alternative Fragen zusammengestellt:

Schreib-Rituale „for beginners"

Hier einige Vorschläge, die mir am Anfang sehr geholfen haben, ins Schreiben zu finden. Beantworten Sie die Fragen für 21 Tage lang jeden Morgen und jeden Abend, damit sie sich in Ihren Tagesablauf integrieren.

Morgens:
Was wünsche ich mir für den heutigen Tag?
Wie möchte ich mich heute fühlen?
Was kann ich tun, damit es heute ein guter Tag wird?
Was kann ich heute für jemand anderes tun?

Abends:
Wofür bin ich dankbar?
Gab es eine Situation, in der ich anders hätte reagieren wollen? Wie?
Welche drei Dinge sind morgen zu erledigen?

Schreiben ist Anfangen

Ich sitze zum ersten, jedoch nicht letzten Mal in der Taverna Catalán genau am Onyar, blicke auf die bunten Häuser, vor mir sitzen Studenten, hinter mir auch ein Schreiber. Neben mir steht auf dem Tisch ein Tomatenbrot, Pa amb tomàquet, wie sie hier sagen, Weißbrot eingerieben mit Knoblauch und Tomate, darüber Olivenöl und Meersalz – lecker! Zuhause verschimmelt mein Brot. Es ist einfach zu schön, in Cafés mit anderen zu frühstücken. Nebenan reden sie über einen Hund, der weggelaufen ist. Trocken bemerkt der Besitzer: Cuando quiera, vuelve. Auch eine Einstellung. Wenn er will, kommt er zurück. Jetzt tritt ein älterer Herr mit Stock ein und nimmt sich eine Zeitung, er ist fein angezogen mit Krokodil auf dem Pulli. Etwas später kommen ein zweiter und dritter Mann hinzu: Stammtisch auf Katalan. Der ältere Herr hat einen Fotoapparat mitgebracht und alle versuchen, ihn zu reparieren. Auch als der vierte Herr hereinstolziert, wird der Fotoapparat im Zentrum des Interesses bleiben. Sie lesen sich gerade die Gebrauchsanweisung durch, als ein fescher Mann hinter mir die Treppe herunter kommt und alle freundlich mit Klaps auf die Schultern und einen Witz auf den Lippen begrüßt: der Chef. Jetzt wundert es mich nicht, dass dieses Café so gut besucht ist. Hier regiert das Herz.

Es ist ein Augenblick der Freude: Alles in meinem bisherigen Leben musste genauso sein, damit ich jetzt hier sitze, denke ich, während ich einen Mann auf der Brücke freihändig Fahrrad fahren sehe. Er ist bei 10 Grad so dick eingepackt wie wir im tiefsten Winter.

Ich widme mich meinem Heft und denke über den geeigneten Anfang für mein Projekt nach. Schreiben ist immer ein Anfangen, ein sich überwinden, vom Nichts (dem weißen Blatt Papier) zum Werk (dem Buch, der Kurzgeschichte oder dem Tagebuch). Das Schöpfen aus unserem Inneren heraus und es in eine neue Form bringen, dient dazu, andere zu inspirieren, auf ihrem eigenen Gebiet kreativ zu werden.

Um anzufangen, gilt es zunächst die eigenen Selbstzweifel zu überwinden. Jeder zweifelt im Entstehen des Kunstwerks, die allerwenigsten gehen offen damit um. Es ist eine Herausforderung, sich zu zeigen, denn man setzt sich der Gefahr aus, kritisiert zu werden, was die Wenigsten mögen. Deswegen ist es an diesem Punkt wichtig, sich dazu zu verpflichten, nicht für die anderen zu schreiben, sondern für sich selbst.

Anfangen bedeutet ebenso, das Alte loszulassen. Da das eine Veränderung mit sich bringt, meldet sich der innere Widerstand, der lieber alles beim Alten lässt aus Angst davor, dass uns erneut Schmerz zugefügt wird. Das, was uns also befreien könnte, wird durch das Unbewusste so lange verhindert, bis es durch regelmäßige Übung die Erfahrung der Heilung macht.

Machen Sie heute mal ein kleines Experiment: Fragen Sie in Ihrem Bekanntenkreis, ob jemand Tagebuch schreibt oder Gedichte oder jemand schon mal an einem Schreibkurs teilgenommen hat. Sie werden erstaunt sein! Und warum, meinen Sie, wussten Sie das bis heute nicht? Weil gerade Schreib-Begeisterte ihre künstlerische Seite verleugnen aus Angst, belächelt zu werden. Künstlern hängt immer noch der Hauch des armen Idealisten an, des Schöngeists, der mit der Realität wenig gemeinsam hat.

Beim Schreiben dürfen Sie sich endlich so zeigen, wie Sie wirklich sind mit allen Ecken und Kanten, mit den schlimmsten Werturteilen über andere, mit den intimsten Wünschen, den skurrilsten Ideen. Es ist eine wunderbare Art, mit sich selbst in Kontakt zu treten, sich mit seinen Gedanken und Gefühlen ernst zu nehmen und wert zu schätzen. Ihr Leben ist interessant und einzigartig.

Praktisch sieht das so aus, dass Sie in jeder freien Minute Ihr Heft oder Notizbuch hervorkramen und aufschreiben, was in Ihnen aufsteigt. Alles ist gut und richtig, nichts falsch. Niemanden interessiert es, ob Sie richtig Kommas setzen oder die Grammatik beherrschen. Wichtig ist in der Anfangsphase, dass Sie ein Gespür dafür bekommen, wie die Worte aus Ihnen herausfließen. Sie lernen so, der Führung Ihres Inneren, Sie können es auch das Unbewusste nennen, zu vertrauen.

Mit der Hand schreiben

In einer Filmdokumentation von 1984 erzählt Friedrich Dürrenmatt, dass er all seine Texte mit der Hand schreibt, am liebsten mit Bleistift, weil er dann langsamer schreibt. Damit steht er sicher nicht alleine da. Es ist erstaunlich, wie viele Schriftsteller ihre zum Teil mehrere hundert Seiten langen Manuskripte ganz „altmodisch" mit der Hand schreiben. Um nur einige zu nennen: Wolfgang Hohlbein, Peter Handke, Jurek Becker, Günter Grass, Martin Walser.

> *„Mit dem Computer? Nein, mit der Feder. Man ist mit dem Computer zu schnell zufrieden. (...) Und ich denke anders, wenn ich mit der Hand schreibe."*
>
> Margriet de Moor

Ob jemand mit der Hand oder mit dem Computer, mit Bleistift oder Feder schreibt, spiegelt immer eine Haltung zum Schreiben wieder. Tatsache ist, die Handschrift ist etwas sehr Persönliches. Wir gestalten Buchstabe für Buchstabe selbst, während wir am Computer nur eine Taste drücken und das meistens sehr schnell.

Mit der Hand zu schreiben, gilt für mich als der direkteste, intensivste und ehrlichste Weg, seine Gefühle auszudrücken. Diese Gefühle werden „vom Herzen direkt in die Feder" gelenkt, wie

Bettina von Arnim so schön sagt. Es gibt nichts zwischen uns und dem Blatt Papier. Wir fühlen uns in dem Akt des Schreibens mit uns selbst verbunden und mit den Worten. Die Texte bekommen dadurch eine andere, tiefere Qualität.

Unsere Handschrift sagt viel über unseren Charakter aus, damit befassen sich die Graphologen. Unter www.graphologies.de kann man kostenlos online seine Handschrift analysieren lassen. Probieren Sie es aus!

Schreiben mit der Hand ist nicht nur ein geistiger, sondern ein körperlich, sinnlich erlebter Prozess. Der Buchstabe wird gezeichnet, man beobachtet seine Hand dabei und sieht die Schriftzeichen, man hört das Kritzeln auf dem Blatt, man riecht die Tinte. Wenn das Heft oder Ringbuch vollgeschrieben ist, kann man das verknitterte Papier durchblättern, Zeilen durchstreichen, anstreichen, Bilder oder Artikel dazulegen.

Mit einem Bleistift oder einer Feder zu schreiben, fordert zudem, behutsamer aufzudrücken, sodass wir langsamer schreiben müssen. Das Denken verlangsamt sich, wir halten inne und werden bewusster. Das könnte der Grund dafür sein, dass das Schreiben mit einer Feder oder einem Bleistift zu mehr Kreativität führt, sich besser einprägt und länger anhält, als mit dem Computer. Das bestätigen auch neuere Forschungen der Neurowissenschaften.

Die Verbindung mit dem Text und den Figuren darin hilft Autoren dabei, eine Beziehung zu ihnen aufzubauen. Vielleicht schreiben einige aus Respekt vor ihren eigens erschaffenen und lieb gewordenen Figuren mit der Hand, das sind sie ihnen schuldig.

Mit der Hand zu schreiben, ist vor allem beim therapeutischen Schreiben von Vorteil, da die Hand eher als der Computer als Übersetzer unserer nicht bewussten Anteile dient. Wenn wir ein Problem mit der Hand aufschreiben in der Absicht, eine Lösung zu finden, erscheint die Lösung wie von Zauberhand auf dem Papier.

Recherchieren Sie auch das Vimala Rodgers Alphabet. Hier geht es darum, mit einem neu erlernten Schriftbild sein Denkmuster positiv zu verändern. Dabei lernt man seine eigene Handschrift an dieses Alphabet anzugleichen.

In diesem Zusammenhang sei erwähnt, dass das verträumte Ausmalen von den Kästchen oder das Zeichnen von Herzchen, Tieren oder Gegenständen oft dazu dient, tiefer zu gehen, innerlich „wegzutreten". Was früher in der Schule getadelt wurde als unkonzentriert, ist hier erwünscht! Das Zeichnen beim Schreiben dient hervorragend, um unbewusste Anteile sichtbar werden zu lassen und dadurch die Kreativität zu bereichern.

Diese Ausführungen sollen den Computer und seine wunderbaren, erleichternden Vorzüge nicht schmälern. Die meisten Schreiber arbeiten ihre Texte im späteren Prozess entweder mit einer lieb gewordenen, alten Schreibmaschine oder am Computer durch.

Es gibt mehrere Initiativen für den Erhalt der Handschrift, weil sie mehr und mehr aus den Schulen verschwindet. Die Handschrift ist wichtig für das vernetzte Denken und damit fördert es die Erinnerungsleistung des Gehirns.

Mit Stift und Papier

Ich bin in La Taverna, dem Café in der Nähe der Schule Will Language, die ich für ein paar Wochen besuche. Das Café liegt direkt an der Kirche Santa Susanna, die eine besondere Ausstrahlung hat. Am Wochenende singt ein begnadeter Straßenkünstler direkt vor der Terrasse des Cafés spanische Hits.

Um die Ecke auf dem Weg zum beliebten Wahrzeichen von Girona, der Pont de les Peixateries Velles, der Brücke der alten Fischgeschäfte, liegt die Papelería und die ist natürlich für mich besonders wichtig. Ich habe mich schon mit schönen karierten Heften und bunten Stiften eingedeckt. Ich liebe es, in Papiergeschäfte zu gehen und einfach mal auszuprobieren, was sich gut anfühlt, und mir ein großes Sortiment an Stiften und Papier mit nach Hause zu nehmen.

Dass das Papier, auf dem wir schreiben, und der Stift von elementarer Bedeutung sind, versteht sich hoffentlich von selbst. Ich liebe es, meiner Hand dabei zuzusehen, wie die Feder oder der Bleistift das Blatt berührt und langsam über das weiche Papier gleitet und dabei schön geschwungene Zeichen hinterlässt, die im besten Falle Sinn ergeben. Peter Handke sagt „Es ist schön, wenn der Bleistift so schwingt". Mit dem Bleistift oder der Feder zu schreiben, zwingt uns zu einer Ruhe und Langsamkeit, die wir für Texte brauchen, die in die Tiefe gehen. Der Bleistift oder die Feder fördert unser Feingefühl, während ein Kugelschreiber dazu verleitet, verbissen und schnell zu schreiben – oft aus Angst, etwas zu verpassen. Viele Autoren schreiben mit dem Bleistift oder der Feder aus genau diesen Gründen. John Steinbeck, der Autor von „Die Straße der Ölsardinen", hatte immer 12 perfekt angespitzte Bleistifte während des Schreibens auf seinem Tisch liegen. Vielleicht schrieb er deswegen so punktgenau.

Besonders das Schreiben mit einer Feder ist edel und fordert zu einem langsamen, bewussten und sinnlichen Schreiben auf. Die

Dichterin Sarah Kirsch hatte sieben verschiedene Federn für verschiedene Schnelligkeiten. Die meisten davon füllte sie noch traditionell mit einem Tintenfass. Alles musste für sie hübsch sein: Papier, Füller und Hefte.

Dichter bevorzugen das Schreiben mit einer Stahlfeder. Es erfordert eine hohe Portion an Konzentration, mit der Feder zu schreiben. Man muss genau schreiben und langsam, um nicht zu schmieren. Man muss eine Pause machen, um die Feder in das Tintenfass zu tunken, bevor man weiterschreiben kann. Der Akt des Schreibens wird so zu einem fast andächtigen Prozess, was sich natürlich positiv auf das Werk auswirkt.

Um in die richtige Stimmung zu kommen, kann man die Wahl des Stiftes und Papiers nutzen. Jedoch sollen wir nicht nur schreiben, wenn wir in der richtigen Stimmung sind! Wir können und sollen gerade in jeder Stimmung schreiben.

Wenn ich die Briefe schreibe, die ich nicht absende, also wenn ich gerade vor Wut platze, schreibe ich mit Kugelschreiber, dann brauche ich Schnelligkeit und etwas Festes in der Hand, denn es muss meine Wut aushalten. Dementsprechend sieht auch hinterher das Papier aus. Auch die Morgenseiten schreibe ich durch die Schnelligkeit der Gedanken mit Kugelschreiber.

Wählen Sie den passenden Stift intuitiv aus, damit er zu dem Thema passt, was Sie gerade schreiben wollen. Bei mir funktioniert das prima. Ich schreibe deswegen im Wechsel, mal mit Kugelschreiber, Füller oder Bleistift. Und wenn es an den Feinschliff eines Artikels oder Buches geht, bevorzuge ich den Computer, weil ich dort ganze Textstellen umbauen kann und auf einem Blick sehe, wo etwas hinpasst.

Um das richtige Schreibbuch auszuwählen, erfordert es Sinnlichkeit. Generell liebe ich es, ein neues Buch zu beginnen. Ich streichle über den Einband und über das Papier. Das Papier muss sich glatt anfühlen, es darf nicht zu dick sein, weil ich das Knittern der Blätter mag, nachdem es vollgeschrieben ist. Ich bin überzeugt, dass man dem Papier ansieht, welche Emotionen drin stecken, genauso wie man es der Schrift ansieht, in welcher Verfassung der Schreiber gerade war. Zudem bevorzuge ich persönlich Papier mit Kästchen, Linien mag ich nicht so gern. Bei ganz weißem Papier tendiere ich dazu, von unten nach oben zu fliegen, was meinem visuellen Empfinden nicht behagt.

Für die Morgenseiten und das Expressive Schreiben nehme ich Ringbücher, weil ich sie am einfachsten umschlagen kann und sofort die richtige Seite aufgeschlagen habe. Da ich diese Seiten oft im Liegen schreibe, kann ich das Ringbuch praktischer auf den Knien balancieren und die harten Deckel sorgen dafür, dass ich eine gute Unterlage habe. Tagebuch schreibe ich gerne in schöne Bücher, am liebsten mit Reißverschluss oder einem Bändchen zum Zumachen, was noch einmal den Wert demonstriert, den das Buch für mich hat.

Schreiben braucht Raum

Gerade sitze ich in der Bibliothek in L´Escala, einem wunderschönen Dorf am Meer mit einer bezaubernden Ausstrahlung. Die Bibliothek ist benannt nach der Schriftstellerin Caterina Albert, die Anfang des 20. Jahrhunderts unter dem Männernamen Victor Català ihre Bücher herausgab. Sie hat hier ihr ganzes Leben verbracht und war über viele Jahre bettlägerig und man erzählte mir, dass sie in der ganzen Zeit Besuch von ihren Bewunderern thronend im Bett empfangen hat. Sie muss eine schillernde Persönlichkeit gewesen sein.

Ich schaue mich in „ihrer" Bibliothek um, ich mag es sehr gerne hier zu schreiben. Hier ist die Energie durch die schweren, alten Bücher in den hoch aufgetürmten Regalen geladen von Weisheit und Frieden. Es ist ruhig und ich werde nicht abgelenkt. Hier bin ich nur, um zu schreiben.

Ich schreibe außer in Bibliotheken und Cafés auch gerne im Kloster. Das ist ideal zum spirituellen Schreiben. Die Zimmer sind einfach gehalten, meistens gibt es große Fenster mit schönem Blick ins Grüne, ein schlichtes Bett, ein weißer Schreibtisch mit einer weißen Rose in einer weißen Vase und eine – na? - weiße Lampe. Eine (zugegeben nicht weiße) Bibel. Mehr nicht. Perfekt. Für Essen in den Pausen ist gesorgt. Und die Spiritualität spürt man durch jede Ritze.

Warum ist es so wichtig, beim Schreiben seinen eigenen Raum zu haben? Vielleicht um zu tun, was man will. Ich gucke zum Beispiel viel beim Schreiben aus dem Fenster und beobachte die Bäume im Wind. Ich brauche das Rausschauen zum Denken und Philosophieren. Es geht wohl um das Wohlfühlen und Unbeobachtetsein in dem Schreib-Raum.

Wenn wir uns in Ruhe zum Schreiben zurückziehen, gehen wir ganz hinein in unsere Geschichte und reagieren eher empfindlich auf äußere Ablenkungen. Ein kleines Geräusch an der falschen Stelle kann die Konzentration rauben und uns für Stunden aus dem Schreibfluss bringen. Es kostet viel Kraft, wenn man aus der Stimmung, die man braucht, um genau diesen Text zu schreiben, herausgeschleudert wird. Wird man unsanft herausgerissen, ist man wie benebelt, man irrt umher, im Moment weiß man gar nicht, wo man ist, weder in der Geschichte noch bei dem anderen. Auch Maler oder Photographen haben mir von dem Phänomen berichtet, wenn sie im Moment der tiefsten Versenkung gestört werden.

Schreiben ist ein Vorgang, bei dem man empfindlich ist.

Martin Walser

Das hat nicht unbedingt etwas mit Geräuschen zu tun, sondern eher damit, dass man sich jemanden in dem Moment verpflichtet fühlt, weil man ihn liebt. So findet man sich in der Misere, dass man meint, sich rechtfertigen zu müssen, obwohl man ehrlich gesagt, nur allein gelassen werden will, um zu schreiben. Ungestört.

Genau das bewegt viele Schriftsteller dazu, in der Nacht oder am frühen Morgen zu schreiben, wenn alles noch still ist. Manche Krimiautoren sprechen sogar davon, dass sie sich nachts mehr trauen und kreativer sind. Im Gegensatz zum Tag, an dem sie direkt kritischer sind. Gedanken kommen in der Nacht oder am frühen Morgen eher aus dem Unbewussten. An der Arbeit feilen ist Tagesarbeit.

Franz Kafka schrieb seine Erzählung „Das Urteil" nächtelang durch, um den Druck in seinem Kopf loszuwerden.

Ein weiterer Vorteil von einem eigenen Schreib-Raum ist, was das Wort schon sagt: Sich Raum nehmen für das Schreiben. Ich habe über 10 Jahre die meiste Zeit zu Hause geschrieben und hatte kein eigenes Büro. Als ich eine Malerin in ihrem Atelier besuchte, die ich über meinen Blog kennengelernt hatte, ging

33

ich fasziniert durch ihr mit großen Fenstern ausgestattetes Reich. Während ich ihre Pinsel, Leinwände und Bilder bewunderte, die so viel Platz einnehmen durften, wie sie wollten, sagte ich beiläufig: „Ich brauche auch einen eigenen Raum nur zum Schreiben." Sie erzählte, dass sie durch das Atelier erst ganz in ihre künstlerische Kraft gekommen ist und seitdem viele Kurse gibt und eigene Ausstellungen hat. Wenn ich meinem Schreiben „Raum gebe", werte ich es auf. Das hat das Schreiben verdient und daraus entwickelt sich eine große Portion Kreativität. Zwei Monate nach unserem Treffen im Atelier, rief mich die Malerin an, erzählte mir von einem neuen Künstlerhaus, das in einer alten Gaststätte im Dorf um die Ecke entstehen sollte, und dass dort noch Büros frei wären. Seit einem Jahr sitzen wir nun gemeinsam in diesem Haus mit anderen Künstlern. In diesem Jahr habe ich bereits zwei Bücher veröffentlicht, mehrere Schreibseminare gegeben und genieße das Zusammenspiel aus Arbeit und Geselligkeit unter Gleichgesinnten.

Schreiben in Cafés

Natalie Goldberg ist mit ihrem Klassiker über das kreative Schreiben mit dem Titel „Schreiben in Cafés" berühmt geworden. Das Buch erschien 1986 zum ersten Mal in Amerika mit dem Titel „Writing down the bones" und feierte letztes Jahr sein 30-jähriges Jubiläum. Es wurde in neun Sprachen übersetzt. Ich habe mir das Buch lange nicht gekauft, weil ich dachte, es handle sich nur um Übungen, um in Cafés zu schreiben. Doch es gibt nur ein Kapitel darin, in dem sie das Schreiben in Cafés beschreibt. Sie erzählt, welches Café zum Schreiben vorteilhaft ist, wo sie persönlich gerne schreibt und was alles im Café passen muss, um es zu einem schönen Erlebnis werden zu lassen.

Girona ist eine Café-Stadt, ich würde sagen, gefühlt alle 5 Schritte in der Altstadt ist ein passendes Café, das zum Schreiben einlädt. Eine Spanierin sagte mir, dass es so viele Cafés gibt, weil sie sich in der Franco-Zeit nicht öffentlich treffen durften und da hätte sich eben das ganze gesellschaftliche Leben in den Cafés abgespielt.

Ich liebe die Cafés in Spanien. Ich liebe die kleinen Tische und die braunen alten Holzstühle, den Geruch von Kaffee und die Wärme (die besonders wichtig für das lange Sitzen beim Schreiben ist). Ich liebe die klirrenden Geräusche, wenn die Tasse die Untertasse berührt, den Duft der Kaffeebohnen, das Summen der Maschine und das nette Lächeln der Kellner. Ich freue mich über die Herzchen, die auf dem Schaum des Kaffees schwimmen und ich genieße meine Kurz-Meditation, wenn ich das Herzchen langsam mit dem Löffel unterrühre und ihn danach genüsslich ablecke.

Wenn Sie mal keine Zeit für einen Café-Besuch haben, können Sie sich die Geräuschkulisse für Cafés auch online anhören. Unter www. coffitivity.com werden Kaffeehausgeräusche in einer Endlosschleife gespielt, sodass man das Gefühl hat, in einem solchen zu sitzen. Klappernde Tassen auf Untertassen, das Rauschen der Kaffeemaschine und das Aufschäumen der Milch, das Stühlerücken und die Stimmen im Hintergrund – damit sind Sie bestens für die nächste Schreibeinheit gerüstet!

Es ist eine Kunst für sich, das richtige Café zum Schreiben zu finden. Ich nehme innerlich mit dem Café Kontakt auf, bevor ich hier losgehe. Das eine geht nicht, es ist zu hell für meine Stimmung, das andere zu laut und voll. Pastellfarben wären jetzt gut, aber das, was mir einfällt, ist mir zu laut und schließt zu früh. Weiter. Das Café mit einem kleinen Tisch in der Ecke vorm Fenster mit einer Tischlampe dahinter, wäre perfekt, hat aber zu.

Heute lande ich schließlich im Café L`exquisit in der Carrer Ballesteries, das hinten einen herrlichen Blick auf den Onyar hat. Allerdings sind die Stühle dort oben auf der Empore sehr wacklig. Doch wie es sein soll, zeigt die Bedienung mir einen Tisch in einer Nische mit einem gepolsterten Stuhl mit Lehne. Perfekt. Ich blicke auf eine freigelegte Steinwand und sitze unter einem hellblauen Bogen, links ein Spiegel mit Amor, Love und Herzen. Rechts ein Metallschild mit einer alten Kaffeemühle, die mich an Mama erinnert. Vor mir steht ein Glas mit verstaubten Plastikblumen und unter der Decke hängen noch Tannenzweige. Die Kellnerin trägt ein T-Shirt mit der Aufschrift „I´m a Lady-Cupcake" passend zu den beliebten Schoko-Cupcakes hier. Die Stühle sind abgewetzt und wie immer in den südlichen Ländern hat das Charme und ist ein Zeichen von Urigkeit.

Lesen Sie von Hemingway „Paris – Ein Fest fürs Leben". Darin berichtet er schwärmerisch über sein Leben in dem Paris der 20er-Jahre, wobei die Treffen der Künstler in den berühmten Cafés einen wichtigen Platz einnehmen.

Warum schreiben so viele Leute gerne in Cafés? Zum einen, weil man alleine in ein Café gehen kann, ohne allein zu wirken. In dem Moment, in dem ich mein Buch herausnehme und den Stift aufs Papier setze, gehöre ich zum Inventar. Ich falle nicht mehr auf, niemand guckt unangenehm, ich bin beschäftigt.

Das hindert nichts daran, dass wir beim Schreiben immer allein sind. Und genau deswegen ist es schön, wenn um uns herum

Menschen sind, die einen daran erinnern, dass wir es im Grunde nicht sind. Ich brauche zum Schreiben eine warme und sichere Atmosphäre, etwas, das mich an zu Hause erinnert. Kaffee stand bei uns immer auf dem Tisch, allein der Duft weckt Gefühle der Geborgenheit. Vielleicht brauchen wir Schreiber den Kaffee, um uns daran festzuhalten, während wir innerlich abtauchen.

Schreiben ist das Ziel

Gestern Abend habe ich wie immer in Girona eine Runde durch die Altstadt gedreht, von einer Brücke zur nächsten. Vor mir her gingen zwei Jungen, ins Gespräch vertieft, lachend, sich neckend. Studenten, glaube ich. Erst wollte ich sie ungeduldig überholen, weil sie mich in den schmalen Gassen und auf der Brücke ausbremsten, doch allmählich passte ich mich ihren Schritten an und entspannte.

Heute morgen im Café kam mir plötzlich der Gedanke, dass Schreiben wie Schlendern ist. Schreiben gelingt am besten, wenn es kein Ziel hat. Wir schreiben Wort für Wort, der Fußgänger geht Schritt für Schritt. Wir halten inne und schauen ab und zu vom Papier auf, der Fußgänger bleibt stehen und schaut sich um. Wir wissen nicht, wohin uns der Stift führt und auch der Fußgänger lässt sich ziellos durch die Straßen treiben. Beide wollen gar nicht wissen, wohin.

Meiner Meinung nach ist es besser, Texte frei von der Erwartung, was einmal daraus entstehen könnte, zu schreiben. Meine Freundin, die gerade erst damit begonnen hatte, sich für das gemeinsame Schreiben in Seminaren zu begeistern, fragte mich irgendwann danach: „Was machst du denn mit deinen Texten?"

Ich antwortete: „Nichts." „Wie nichts? Warum schreibst du sie dann? Es muss doch etwas dabei rumkommen." Ich war irritiert. Es dauerte einige Tage, bis ich begriff, was sie von mir wollte. Ich war jetzt jahrelang in Schreibseminaren gewesen und wir hatten schöne Texte verfasst, berührende Texte, Freundschaften untereinander geschlossen. Niemand hatte mich je gefragt, was ich damit vorhatte. Ich mich auch nicht. Wozu? Ich hatte Freude daran, diese Texte zu schreiben, mit anderen zu teilen und dann einen neuen Text zu schreiben, mich zu freuen, ihn mit anderen zu teilen. Das war alles.

Ich finde, Texte ohne Ziel und hohe Erwartungen fließen leichter. Henry Miller sagte passend:

> *„Lassen Sie sich selbst beiseite. Hören Sie auf, gut sein zu wollen. Wir werden zum Vehikel von etwas, das sich ausdrücken will."*

Sobald ich mit dem Schreiben etwas erreichen will, will ich es kontrollieren. Der einzige Zweck des Schreibens sollte idealerweise das Schreiben selbst sein. Schreiben wird so zum Weg und Ziel.

Lassen Sie sich nicht beirren

Ich sitze im „Martina Sweetcakes". Die grellen Pastellfarben und der mintgrüne Kühlschrank erinnern mich an eine Puppenkiste. Mir ist es zu schick, viel zu hell und farbig zum Schreiben. Es wirkt auf mich zu gestellt. Auch das Schreiben will mir in dieser Atmosphäre nicht gelingen. Ich bin frustriert und das erinnert mich daran, wie ich mich das erste Mal für das Thema Schreiben und seine Wirkung zu interessieren begann. Wie ich schon erwähnte, stieß ich dabei auf Autoren, von deren Talent und Erfahrung ich nur träumen konnte.

Ich hätte eigentlich direkt einpacken können mit meinem Wunsch, über die Wirkkraft des Schreibens ein Buch zu verfassen. Doch es meldete sich meine inzwischen gut ausgeprägte innere Stimme, die Stimme, die mir ein Freund ist, die mich liebt und sie flüsterte: „Lass dich nicht beirren". So griff ich wieder zu Stift und Papier und schrieb weiter, einfach weil es sowieso keine Alternative gab. Es macht einfach zu viel Freude. Warum schreib ich Ihnen das?

Auch wenn es schon Spezialisten gibt und Autoren ohne Ende, so heißt das noch lange nicht, dass Sie und ich nicht genauso viel zu sagen hätten. Sie fragen auch keinen Friseur, warum er denn Friseur wird, wo es schon so viele in Ihrer Stadt gibt. Es gibt einige Menschen, die so denken, aber verzeihen Sie mir, das ist natürlich keine Art des kreativen Denkens. Jeder Friseur ist anders durch seine Kunst, die Haare zu schneiden oder wie sehr er auf seine Kunden eingehen kann.

Hast du den Mut, die Schätze, die in dir verborgen liegen, hervorzubringen?

Elizabeth Gilbert (Big Magic)

Kreativität ist aus bereits Bestehendem etwas Neues zu schaffen. Es gibt viele Bücherideen und Ihre Idee gilt es so weit auszufeilen, bis etwas Eigenes daraus entsteht, ein Unikat. Dafür müssen wir andere nicht herabwürdigen, damit wir neben ihnen bestehen können. Wir können und müssen uns sogar von ihnen inspirieren lassen und etwas Neues, das nur durch unser So-Sein, unsere Erfahrungen und unsere Seele entstehen kann, hinzufügen. Sorgen Sie dafür, dass Sie Ihr Eigenes möglichst unverfälscht zu Papier bringen. Ihren ganz eigenen Stil, das, was Sie hinterher von den anderen unterscheidet, entwickelt sich im Prozess des Schreibens von selbst. Manchmal braucht es Geduld und Übung, bis wir die eigenen Worte freigelegt haben. Wir haben alle das Recht nach Einzigartigkeit zu streben und ich würde sogar sagen: es ist unsere Pflicht!

Der Tanz um den Schreibtisch

Lange Zeit hatte ich an meiner Pinnwand im Studium eine Karte hängen: zwei Hühner liegen unter einem Sonnenschirm am Strand und das eine sagt zum anderen: „Wir wollten doch jeden Tag ein Ei legen." Antwortet das andere: „Vergiss es!"

So ähnlich ist mein innerer Dialog, wenn es darum geht, an den Schreibtisch zu finden. Mittlerweile fehlt mir was, wenn ich nicht schreibe und ich muss mich nicht groß überlisten. Wenn ich einmal im Fluss bin, schreibe ich, denn Schreiben macht süchtig. Ein Gedanke ergibt den nächsten, ein Wort das andere und man kann nicht aufhören, bis man zu Ende gedacht hat.

Jeder, der schreibt, kennt das Phänomen, dass wir, bevor wir uns einem Projekt widmen, die Wohnung putzen, aufs Handy schauen, ob nicht etwas Wichtigeres erledigt werden muss, einkaufen gehen oder telefonieren. Wir heißen heimlich jede Ablenkung willkommen, nur um uns nicht an den Schreibtisch setzen zu müssen.

Warum ist das so? Ich denke, dass Angst ein großes Thema ist. Angst verhindert das Anfangen. Angst vor Bewertung, Versagen,

Veränderung, Verlust seines alten Selbst. Wir glauben unseren Gedanken „Wozu soll ich schreiben, es liest ja eh keiner", „Es ändert sich doch nichts", „Fang endlich was Richtiges an, wie die anderen auch", „Du machst dich lächerlich". So fahren wir weiter mit angezogener Handbremse durch unser Leben, auch wenn es anfängt zu stinken.

Wer schreibt, vertraut darauf, dass dieser Prozess ihn dahin führt, wo sein Herz hin will. Das erfordert eine Menge Geduld, Disziplin und Übung. Irgendwann wird die Sehnsucht nach dem Schreiben aber so groß, dass die Hand den Stift ergreift. Wenn es dann soweit ist, dass wir den Computer hochfahren und die ersten Zeilen eintippen oder den Stift aufs Papier setzen, kippt das Ganze ziemlich schnell um ins Gegenteil. Wir können nicht mehr aufhören, zu schreiben. Es hat uns gepackt, es ist, als ob es aus uns herausbricht und es kein Halten mehr gibt. Aus der halben Stunde, die wir uns gesetzt haben, werden schnell drei bis fünf Stunden, in denen wir nichts sehen und hören, außer das, wohin uns unsere Finger führen.

Lassen Sie sich Zeit, um in das Schreiben hineinzufinden, haben Sie Geduld mit sich, belächeln Sie diesen Zustand. Und überlisten Sie sich etwas, indem Sie überall Stift und Papier bereit liegen haben, damit Sie es sehen können. Bauen Sie sich mehrere Schreibplätze auf, machen Sie sich diese schön zurecht, damit sie einladend sind. Und sagen Sie sich: „Mal eben fünf Minuten nur drüber schauen, richtig arbeiten kannst du später." Bei mir hilft das immer, aus den fünf Minuten werden meistens Stunden. Eine gute Idee, um regelmäßig zu schreiben, sind Schreibclubs, in denen man gemeinsam schreibt. Wenn man sich einmal in der Woche trifft, wird man schon alleine in Hinsicht auf den nächsten Termin seine Aufgaben erledigt haben, weil es einem viel zu peinlich ist, den anderen sagen zu müssen, dass man es nicht geschafft hat.

Wenn der kreative Schub da ist

Meine Nichte ist bei mir zu Besuch. Wir waren heute in Figueres bei Dalí. Als sie völlig überwältigt in der großen Halle des Museums vor seinem Rolls Royce steht und staunend um sich blickt auf all die Gemälde, die sich hoch über ihr auftürmen, fragt sie mich: „Wann hat der das alles gemacht?" Ich muss lachen, denn die Frage müsste anders lauten: „Hat der noch etwas anderes gemacht?" Seine Kunst war Dalís Leben. Alles war Kunst.

Beim Schreibrausch vergessen Schriftsteller alles um sich herum. Nachdem sie wieder auftauchen, fühlen sie sich wie neu geboren. Katja Lange-Müller wird nach eigenen Angaben wie ein Hamster, wenn sie einmal richtig angefangen hat zu schreiben. Sie bunkert Vorräte, um nicht aus dem Haus zu müssen und zieht ihren Bademantel nicht mehr aus. Auch Songwriter beschreiben diesen Zustand, wenn sie sich ganz zurückziehen, um in eine andere schöpferische Welt abzutauchen. Dann gibt es keine Tages- und Nachtzeiten und schläft man doch ein, so arbeitet es in einem weiter, es wirkt im Unbewussten weiter, in den Träumen. So hat man oft das Gefühl, etwas schreibt in einem und man bringt nur das zu Papier, was schon in einem ist. So beschreibt es der erfolgreiche Fantasy-Autor Wolfgang Hohlbein in einem Interview. Er redet auch vom Text empfangen und dass er seinen Text einfach laufen lässt. Das ist wohl auch das, was die Bestseller-Autorin Joyce Carol Oates meint, wenn sie schreibt: „Der erste Satz ist nicht geschrieben, bis nicht der letzte Satz geschrieben ist. Erst dann weißt du, wohin du gewollt hast und wo du gewesen bist."

Eigentlich sind nicht wir es, die schreiben, sondern wir werden geschrieben.

Max Frisch

Genauso können tolle Ideen nicht gesucht, sondern nur freigesetzt werden, denn sie sind schon in einem vorhanden. Es ist an uns, sie umzusetzen, sonst verschwinden sie wieder.
Die Bestseller-Autorin Julia Frank („Die Mittagsfrau") sagt in einem Interview, dass sie sich nicht eines Tages dazu entschied, Schriftstellerin zu werden, sondern, dass sie gar nicht anders konnte, als das zu tun. Es war wie eine Notwendigkeit. Auch hat sie nicht das Gefühl, dass sie sich ein Thema sucht, sondern das Thema packt sie. Sie kann sich den aufdrängenden Geschichten, Charakteren, Beobachtungen nicht entziehen, sie bauen sich Stück für Stück auf als ein Prozess zwischen bewusster und unbewusster Wahrnehmung. Das passiert, wenn wir uns der Kreativität in uns öffnen.

Schreiben ist Gebären

Wenn mich jemand fragt, wie ich Texte schreibe, sage ich gerne, dass ich mit ihnen „schwanger gehe". Ich bin über mehrere Wochen bis Monate mit einem Thema beschäftigt, aber es will noch nichts „raus" aufs Papier. Setze ich mich in diesem Stadium vor ein Blatt Papier oder an den Computer, wird es eine einzige Qual und es kommt nichts Vernünftiges dabei heraus.

Irgendwann, meistens, wenn ich gerade etwas ganz anderes mache wie spazieren gehen oder duschen, bilden sich zaghaft Worte und Sätze. Es nimmt Form an. Dann spüre ich, dass es bald losgeht und ich werde achtsamer und ruhiger. Wie aus „heiterem

Himmel" fangen plötzlich die „Wehen" an. Ich nehme mir mein Heft oder öffne ein Dokument und schreibe drauflos, einfach so, als ob ich nie etwas anderes gemacht hätte. Ich schreibe „ohne Punkt und Komma", manchmal komme ich gar nicht mit. Das, was über so lange Zeit in mir gereift ist, kann die Hand nicht so schnell erfassen. Es ist so, als ob mir jemand anderes etwas ein-flößt und ich auf keinen Fall den Kontakt dazu verlieren will. Das kann sich über mehrere Stunden hinziehen, ohne Pause. Das Einzige, was ich dann zwischendurch mache, ist etwas zu essen (meistens abwesend, ohne etwas zu schmecken) und mich ans Fenster zu stellen und durchzuatmen. Wenn ich den Text ein paar Tage später lese, lese ich ihn wie zum ersten Mal und habe das Gefühl, ein anderer habe ihn geschrieben.

> *„Alles ist austragen und dann gebären. Jeden Eindruck und jeden Keim eines Gefühls ganz in sich, im Dunkel, im Unsagbaren, Unbewussten, dem eigenen Verstande Uner-reichbaren sich vollenden lassen und mit tiefer Demut und Geduld die Stunde der Niederkunft einer neuen Klarheit abwarten: das allein heißt künstlerisch leben: im Verste-hen wie im Schaffen."*

Rainer Maria Rilke

Viele Schriftsteller, wenn nicht alle, sprechen oder schreiben von dem Phänomen des Empfangens. Es scheint, als wären wir beim Schreiben von einer höheren Macht angetrieben. Rainer Maria Rilke spricht vom Gebären als „Erschaffen aus innerster Fülle", Ernest Hemingway berichtet davon, dass sich die Geschichte wie von selbst schreibt und er Mühe hat, mit ihr Schritt zu halten. Jurek Becker beschreibt es in einem Interview mit Herlinde Koelbl: „Ich lese manchmal Texte von mir und komme zu dem Schluss: Eigentlich sind diese Texte intelligenter, als ich es bin.

Und ich frage mich, wie das möglich ist – ich habe sie doch geschrieben, es war kein Dritter in dem Geschäft dabei."

Was hier mystisch klingt, ist die Schwangerschaft des Künstlers. Es ist die Zeit, eine Idee ruhen zu lassen, seiner innewohnenden künstlerischen Kraft zu vertrauen und sie nicht zwanghaft vor der Reife hervorlocken zu wollen. Wenn wir innerlich ein Thema wälzen, hilft es nicht, an ihm zu arbeiten, sondern besser ist es, etwas ganz anderes, monotones zu tun wie spazieren gehen, baden, saunieren oder stricken. Dann fliegen einem die Ideen zu. Kreative Ideen brauchen ein inneres Loslassen.

Achtsam durch Notieren

DolceSalato auf der Plaza de la Libertad – ich bin sicher, hier ziehe ich die Leute mit meiner Schreiberei ins Café. Jedenfalls gucken mich viele interessiert an, bevor sie sich hinter mich setzen. Ich mag es hier zu sein, die Sonne steht über Mittag perfekt, die Leute schlendern entspannt auf den Ramblas, die Kellnerin, die Familie in Dortmund hat, hat immer ein freundliches Wort für mich übrig. Eben stöhnte sie doch ernsthaft über die zwei Wochen Kälte (5 Grad) und meinte, es wäre ein besonders harter Winter gewesen, der jetzt aber vorbei wäre. Damit sollte sie Recht behalten. Ich habe sie freundlich auf die Winter in Deutschland verwiesen und sie hat mich mitleidig angeschaut: Ein hartes Schicksal.

Ich zücke mein Notizheft, um alles um mich herum zu notieren. Jedes Mal, wenn ich das kleine Büchlein heraushole, werde ich achtsam für das, was gerade geschieht. Ich halte inne und schärfe meine Sinne. Ich konzentriere mich auf ein ganz bestimmtes Ding und beobachte das eine Zeit lang. Dann mache ich mir dazu Notizen. Eben habe ich über längere Zeit einen Mülleimer vor dem Kiosk auf den Ramblas beobachtet. Erst kam eine Frau, die etwas in den Mülleimer wirft und zehn Minuten später kam ein Mann, der es wieder herausgeholt hat. Ich muss lachen: Recycling auf Katalanisch.

In dem Moment, wo wir etwas in Worte fassen und es aufschreiben, schenken wir dem Leben Aufmerksamkeit. Wir sind ganz da.

Das Gute an diesen kleinen Notizbüchern ist, dass man sie in die Tasche stecken kann und sie immer griffbereit hat. Man kann sie schnell aufschlagen, sie dürfen nass werden, Ecken dürfen geknickt werden, wenn man es eilig hat und ein Klecks Schokolade wird kurzerhand mit der Serviette weggewischt, um weiterzuschreiben. Das ermöglicht eine Freiheit, mit dem zu spielen, was raus will. Wir filtern nichts und bewerten nicht, ob es würdig ist festgehalten zu werden. Das macht Notizbücher so wertvoll.

Wenn man mal eins dieser Büchlein vollgeschrieben hat und es später wieder liest, merkt man erst, was für schöne Augenblicke man erlebt hat, die einem sonst durchgegangen wären. Der Alltag besteht aus genau diesen kleinen Momenten.

Bevor sich eine Gewohnheit durchsetzt, müssen wir es eine Zeit lang jeden Tag machen. Deswegen nehmen Sie sich ein Büchlein und tragen Sie es die nächsten drei Wochen immer mit sich herum. Holen Sie es bewusst heraus, wenn Sie beim Arzt warten, beim Bäcker einen Kaffee trinken, im Auto, bevor Sie Ihren Einkauf auspacken. Schaffen Sie sich sogenannte Anker, damit sie immer, bevor Sie etwas tun, innehalten und schreiben. Hier hat alles Platz, nicht nur Wichtiges und einmalig Gutes. Ungefiltert und ohne es zu kontrollieren, notieren Sie, was Ihnen gerade durch den Kopf geht, was Sie fühlen oder was Sie gesehen und gehört haben, welche Fragen Sie an das Leben haben und was Sie sich schon immer gewünscht haben.

Aus Gesprächsfetzen am Nachbartisch oder eilig hingeklackerten Sätzen, die Wut der Enttäuschung zum Ausdruck bringen, lassen sich durchaus später geniale Gedichte, Romane oder Erzählungen basteln. Profi-Schreiber beginnen schon am Anfang das Notizbuch in Kategorien einzuteilen, was durchaus sinnvoll ist. Ich empfehle, mehrere Notizbücher zu führen eingeteilt nach Themen wie Gespräche, die Sie mithören oder selbst führen, eins für Naturbetrachtungen, eins für eigene Geistesblitze, eins für Ziele.

Die Spielfilmredakteurin Cornelia Ackers kritisiert in einem Interview, dass die Figuren der Autoren meist im TV abgeguckt sind, es gibt keine eigene Phantasie und keine gute Recherche mehr. Die Schreiber kennen keine Milieus, alle Figuren sind gleich, haben die gleiche Sprache! Auch sie fordert, raus ins Leben! Skizzieren Sie Menschen in der Bahn, am Flughafen, auf der Straße, beim Bäcker oder nachts in der Disco. Woody Allen schrieb 50 Witze am Tag, während er in einer voll besetzten New Yorker U-Bahn hin- und herpendelte.

Sammeln Sie über den Tag verteilt Wörter und Sätze, die Ihnen einfallen oder die Sie hören. Abends können Sie sie hervorholen und Ihre Schätze bergen. Ergeben die Sätze vielleicht ein kleines Gedicht, wenn Sie sie zeilenweise neu zusammensetzen? Ich bin oft sehr überrascht, was bei einfachen Tagnotizen herauskommt.

Poesie des Alltags

Ich bin in der Taverna Catalana um 10 Uhr. Die schick gekleideten älteren Herren kommen nacheinander herein und nehmen an ihrem Tisch mit Blick auf den Onyar Platz. Die Kellnerinnen freuen sich, bringen wie jeden Tag die Flasche Wasser und erst wenn alle anwesend sind, den „Café con leche en un vaso". Das bestelle ich mir ebenfalls. Alles fließt ruhig und regelmäßig dahin in dieser Kneipe. Ein jüngerer Mann steht in seiner Arbeitskleidung wie immer an der Theke und trinkt seinen Corto. Die Kellnerin erzählt, dass sie für einen Monat in ihre Heimat Kolumbien fliegt. Irgendwann verabschieden sich alle von ihr mit einem Küsschen auf die Wangen. Mir fallen durch das Schreiben mehrere Details auf, die Kleidung, der blaue Cashmir-Schal, wie sich die Gesichter aufhellen, wenn die Kellnerin zu ihnen kommt.

Warum erzähle ich diese alltägliche Szene hier? Weil der ganz normale Alltag pure Poesie ist. Wenn wir genau hinschauen, hinhören und hineinfühlen, kann das Gewöhnliche zum Außergewöhnlichen werden. Wenn wir uns die kleinen Szenen fleißig notieren, können daraus Stück für Stück Romane, Gedichte oder Kurzgeschichten entstehen.

Schauen Sie sich den Film „Paterson" von Jim Jarmusch an! Der Film handelt von einem Dichter, der als Busfahrer arbeitet und in jeder freien Minute sein Notizbuch zückt, um sich Notizen von dem zu machen, was sich in seinem Geist formt, während er den Gesprächen der Menschen im Bus zuhört oder in seiner Mittagspause still an den Wasserfällen sitzt. Die Kraft seiner Gedichte zeigt sich darin, aus allem, was unscheinbar scheint, etwas Besonderes zu machen. Ein wunderbarer, poetischer Film, der einen zärtlichen Schauer auf der Haut hinterlässt.

Diese Art der Präsenz, die das Schreiben über Alltagssituationen mit sich bringt, ist eine Form der Achtsamkeit. In dem Film „Der Klang des Herzens" fordert der Lehrer seinen Schüler auf, die Geräusche im Alltag so wahrzunehmen, als ob sie Musik wären. Und Schreiber sollten Worte, die sich in ihnen formen oder die sie hören, so wahrnehmen, als wären sie ein Gedicht. Das Leben ist Musik, ein Gedicht, ein Bild.

Schreiben öffnet Herzen

Als ich klein war, ist mein Vater mit mir jeden Sonntag Nachmittag spazieren gegangen auf einen Berg, auf dem sich ein Pferdehof befand. Bevor es im Winter losging, wurde ich von ihm dick eingepackt: gehäkelter Woll-Schal, kratzender Woll-Pulli, darüber eine gefütterte Jacke, die kaum über den Pulli passte. Unter den Armen spannte sich der Pulli und meine Arme standen weit vom Körper ab. Zur Krönung bekam ich eine rote Bommel-Mütze auf den Kopf. Wenn ich mich drehen wollte, sah das so schwerfällig aus wie bei einem Astronauten, dazu tänzelten die roten Bommeln von der Mütze vor meinem Gesicht.

Es gibt diese Tage, an denen ich mich ähnlich zugeschnürt fühle, komplett dicht, getrennt von der Welt und mir. Einsam, verlassen, unzufrieden und unverstanden. Für diese Fälle habe ich sichtbar in der ganzen Wohnung Stifte und Hefte bereit liegen. Sie rufen mir zu: Los! Schreib! Bevor ich es mir anders überlegen kann und das Fernsehen einschalte, greife ich zum Stift und suche mir ein passendes Heft aus. Ich schreibe schnell, einfach alles, was hochkommt, völlig ungefiltert, es hat keine Ordnung, keinen Sinn, doch ich lege den Stift nicht ab. Ich schreibe, verkrampfe zeitweise am Stift, drehe ihn nervös hin und her und schreibe weiter. Dieses Schreiben dauert höchstens eine Seite, ich ärgere mich über meine „Sauklaue", bis ich spüre, dass mehr

Geschmeidigkeit in meine Hand kommt und der Stift langsamer und zarter über das Papier gleitet. Meine Schrift wird leserlicher bis hin zu schön. Wort für Wort nehme ich mich wieder wahr, fühle mich lebendig und geordnet. Mein Herz öffnet sich einen Spalt und ich atme auf.

Schreiben braucht den Zauber

Ich sitze in dem Fischerdorf L`Estartit am Meer. Eine dicke schwarze Katze zischt unter meinem Tisch her, sie mag hier lieber alleine sein. Doch nun bin ich hier und nehme ihr die heilige Ruhe. Die Unberührtheit des frühen Morgens schreit nach einer Schreibsitzung. Friederike Mayröcker sagt in einem Interview, dass sie erst gar nicht anfängt, wenn sie in der Früh nicht spürt, dass sie verzaubert ist. Sie befinde sich nachts oder früh morgens in einer anderen Bewusstseinslage und es reiche ein Anstoß, ein Wort, ein Gefühl und dann geht es los mit dem Schreiben.

Viele Schriftsteller brauchen ihren eigenen Zauber, um schreiben zu können. In dem Moment ist die Energie des Schreibens am höchsten. Dieser Zauber ermöglicht es ihnen, sich direkt und schnell in sich zurückzuziehen, in ihren inneren Wesenskern, aus dem heraus es einfacher ist, schöne Worte zu finden, die andere wiederum in ihrem Inneren berühren. Kunst berührt den Menschen, weil sie sein Leben verzaubert. Kunst verbindet uns mit der Tiefe und Ewigkeit des Lebens, indem sie die Grenzen zwischen Raum und Zeit überwindet.

Schreiben Sie darüber, was in Ihnen den Zauber weckt. Gehen Sie an Orte, die verzaubert sind: in einen Laubwald im Mai, ans Meer, wenn die Sonne untergeht oder auf einen Berg in die Alpen mit herrlicher Fernsicht. Schreiben Sie dort und Sie werden merken, dass Ihre Worte diesen Zauber widerspiegeln.

Schreiben in Katerstimmung

Ich bin in meiner Frühstücksbar. Einer der Opas hat Platz genommen, heute etwas widerwillig, weil sein Platz am Fenster besetzt ist. Auch ich musste mich an einen Tisch an der Wand setzen unter die Kunstwerke, die das Café ausstellt. Der zweite Opa kommt herein, blickt zu „seinem" Tisch und mustert den Herrn, der an seiner Stelle dort sitzt. Er spielt am Handy und hat Stöpsel im Ohr. Wozu geht er in dieses Café mit einem solchen Ausblick und so netten Menschen? Die Opas und ich sind sichtlich erleichtert, als sich das Café etwas leert und wir hintereinander Tische an den Fenstern besetzen. Sie lächeln mich dabei an und tuscheln untereinander. Wer die wohl ist?

Die Sonne scheint. Die Wäsche auf den Leinen hoch über dem Fluss tanzt im Wind um die Wette mit den katalanischen Fahnen der Freiheit und Unabhängigkeit.

Mich quälen seit den Morgenstunden Zweifel, ob ich dieser Aufgabe, ein Buch über die Wirkung des Schreibens zu verfassen, überhaupt gewachsen bin. Und hilft Schreiben auch, wenn alles ausweglos erscheint? Also fange ich mit dem an, was mir Spaß macht und was mich tröstet. Ich blicke abwechselnd hoch zur Sonne und auf den Fluss. Licht ist Hoffnung, es erhellt das Dunkle. Ich setze noch etwas zaghaft wie nach einem Kater den Stift aufs Papier und beginne zu schreiben. Nach einer Seite ändert sich meine Stimmung. Ich habe mir zugehört. Ich bin wieder da. Ich fühle mich verbunden.

Auch wenn Sie an sich zweifeln, kann ich Ihnen nur nahe legen, über Ihre Gedanken und Gefühle zu schreiben, gerade wenn Sie sie kaum benennen können. Schreiben Sie alles auf. Welche Bilder tauchen auf? Wie fühlen Sie sich?

Keinen Gedanken weiter

Dieses Café Federal ist mir empfohlen worden: gut und günstig. Ich bin schon oft daran vorbei gegangen, weil es auf dem Weg zur Kathedrale liegt. Ich dachte, man sitzt unten und die Kellner gucken einem die ganze Zeit auf das Blatt Papier. Doch man kann auch oben sitzen, es ist auf den ersten Blick hell und freundlich. Die Stühle erinnern mich an den Englischunterricht und in der Tat ist es ein Café für Engländer, was ich erst am fettigen Essen bemerke. Neben dem Omelett schwimmt ein Haufen Fett und darauf Ziegenkäse, den ich hasse. Ich kratze ihn angewidert ab und esse den Rest. Leider ist mir kalt und der Raum ist mir zu groß, also nicht die beste Voraussetzung fürs Schreiben. Dennoch ziehe ich mein Heft heraus und schreibe.

Später sitze ich in meiner Wohnung auf dem Sessel mit Armlehne und schaue auf die Straße der Altstadt. Mir ist das Essen nicht bekommen und ich habe gerade keine Lust zu nichts. Mein Wunsch danach, unter die Bettdecke zu kriechen und mir als Ablenkung ein Youtube-Video nach dem nächsten anzuschauen, ist stark. Nur nichts Anstrengendes. Zum Glück liegt neben mir ein Heft und ein Stift. Mich beruhigt es, meine Schrift zu betrachten und das, was entsteht, mir zuzuhören und Aufmerksamkeit zu schenken. Was will mir mein Inneres sagen? Es entstehen plötzlich Ideen, was ich tun könnte. Spanisch-Aufgaben machen, eine kleine Visionsübung oder bei Kerzenschein Musik hören.

Das fühlt sich gut an. Ich lächle. Die Wärmflasche auf meinem Bauch hebt und senkt sich. Und es kehrt langsam wieder etwas Leben in mich ein.

Wenn ich darauf warten würde, bis ich in der richtigen Stimmung bin, zu schreiben, hätte ich niemals ein Buch rausgebracht. Zugenommen hätte ich vielleicht bei dem Versuch, an nichts anderes zu denken, als an das Schreiben. Schreiben kann man in jeder Situation, auch auf der Toilette, wenn Sie dort viel Zeit verbringen. Also legen Sie überall ein Heft, Buch oder Notizzettel bereit für den Fall, dass Sie gerade nicht wissen, was Sie mit sich anfangen sollen.

Düstere Gedanken vernebeln die Sicht

Heute geht es mir nicht gut. Schon seit morgens habe ich starke Kopfschmerzen. Girona ist am Wochenende voll mit französischen Touristen, die die Straßen füllen. Die Kneipen waren bis tief in die Nacht so voll, dass sich alle draußen tummelten, direkt unter meinem Fenster. Heute morgen war ich in der Kathedrale und sie lieben es, hier zu weihräuchern. Das hat den Kopf nicht gerade befreit. Schreiben erscheint mir zu anstrengend, trotzdem versuche ich es gerade mit diesen Zeilen.

Mein Leben scheint heute düster, vor allem meine Zukunft male ich mir in den dunkelsten Farben aus. Diese Gedanken sind so mächtig, dass sie eine Eigendynamik besitzen. Ich lasse mich von ihnen mitreißen und sacke im Stuhl immer mehr zusammen.

Plötzlich durchzuckt es mich bei dem Gedanken: „Wenn ich jetzt noch einen Gedanken weiter denke, springe ich vom Balkon." Ein Unterfangen, das allein durch die Größe und Höhe des Balkons schwierig würde. Also greife ich neben mich zu meinem Schreibheft und lege los. Ich schreibe alles auf, was in mir ist, die blödesten und düstersten Gedanken werden festgehalten und vom Zensor direkt als „wie lächerlich" oder „das kennst du doch" oder „jetzt übertreibst du aber" kommentiert. Die Zeilen sind zu Beginn gekritzelt und der Bleistift gibt unter meinem Druck nach und bricht ab. Doch irgendwann wird das Schreiben flüssiger und langsamer. Meine Gedanken schießen nicht so schnell hin und her, sie können nicht mehr ihr Eigenleben führen, sie müssen sich dem Stift anpassen und sortieren sich. Ich atme durch und fühle mich genauso wie Martin Walser es in einem Interview mit Herlinde Koelbl sagt, „gebremst".

> *„Schreiben ist Überleben. Das ist eine wirkliche Notbremse. Es ist das Gegenteil von Strick und Pistole und Zug. Deshalb: Wenn du in Gefahr bist auszurutschen, ist es am besten, du zwingst dich dazu, dein Ausrutschen der Sprache auszusetzen."*
>
> Martin Walser

Im Formulieren bekommen die Gedanken und Gefühle eine Form. Sie werden dem Chaos entrissen und durch die Form geordnet und somit händelbar. Wir können durch das Aufschreiben in düsteren Stunden unseres Lebens die Eigendynamik der schmerzenden Gedanken anhalten und sie in eine andere Richtung lenken, allein dadurch, dass wir sie festhalten. Wichtig ist, in diesen Situationen zu schreiben. Manchmal scheint es einfacher, seinen Gedanken die Macht zu überlassen. Man fühlt sich sicher in seinen alten, wiederkäuenden Mustern und das Neue bedeutet immer Veränderung und Überwindung. Es kostet Energie. Nur, seien wir ehrlich, wie viel mehr Energie kostet es, ständig den düsteren Gedanken hilflos ausgeliefert zu sein?

Zurück ins Leben

Ich sitze im Xibarri, meiner Lieblings-Abend-Bar, direkt am Fluss. Sie haben eine Vielfalt an leckeren Tapas, die man sich direkt von der Theke nehmen kann. Cava wird hier sehr großzügig ausgeschenkt. Jeden Donnerstag um 18 Uhr ist ein Treffen für alle Aussteiger oder die es gerne werden wollen – vor allem Engländer, die sich trotz Brexit als Europäer fühlen. Die Bar ist immer gut besucht und ein beliebter Treffpunkt direkt an der zentralen Plaza de la Independència. Hier pulsiert tagsüber und nachts das Leben von Girona.

Mit dem Pulsschlag des Lebens verbindet uns auch das Schreiben, weil die Hand direkt mit dem Herzen verbunden ist. Sie führt uns treffsicher zurück ins Leben, wenn wir durch Krankheit, Schicksale oder Krisen das Gefühl hatten, innerlich sei etwas abgestorben. Wort für Wort bekommt unser Inneres eine immer neue Lebhaftigkeit, auch wenn das zunächst zaghaft und zögerlich geschieht. Der amerikanische Bestsellerautor David Vann hat sich nach dem Selbstmord seines Vaters mit seinen Romanen zurück ins Leben geschrieben. Er sagt: „Das Phantastische am Schreiben ist, dass man die schrecklichen Dinge des Lebens einfach nehmen und daraus etwas ganz anderes machen kann. Das ist eine zweite Chance und hat etwas Heilendes, Erlösendes. Aber Schreiben ist auch das Schöne. Es ist der Versuch, aus etwas Furchtbarem etwas Schönes zu schaffen durch die Vision, den Sinn und die Bedeutung, die man ihm gibt."

Schauen Sie sich den Film „Ein Engel an meiner Tafel" an. Es ist die Verfilmung der Autobiographie der neuseeländischen Schriftstellerin Janet Frame, die lange Zeit in einer grausamen Psychiatrie der

30er-Jahre verbringen musste. Die Therapie der falsch diagnostizierten Schizophrenie: Elektroschocks. Kurz bevor sie in der Anstalt wirklich verrückt wird, ritzt sie mit den Fingernägeln Wörter in die Zellenwand. Sie entgeht nach acht Jahren dieser Hölle, weil ihre zuvor verfassten Kurzgeschichten eine Auszeichnung bekommen. Ein berührender Film einer Frau, die im Schreiben ihre wahre Bestimmung findet.

Durch das Aufschreiben der belastenden Erlebnisse aus der Vergangenheit, bekommen wir einen neuen Zugang zu uns. Das Erlebte in Worte zu kleiden und ihm einen Rahmen zu geben, kann die hilflose Position in eine aktive Gestalterposition fördern. Wir können Einfluss nehmen auf unsere Zukunft, indem wir im Inneren aufräumen. Wir stellen uns der Vergangenheit und gewinnen eine neue Zukunft.

Der Psychologe Matthias Mehl von der University of Arizona fand heraus, dass Probanden, die schreiben, danach wesentlich mehr Zeit mit anderen Menschen verbringen. Sie kommunizierten öfter mit Freunden, waren optimistischer und benutzten häufiger das Wort "wir" statt "ich". Man könnte sagen, sie hatten sich der Welt zugewandt, waren ins soziale Leben zurückgekehrt.

Die einsamen Schreib-Wölfe

Ich sitze im paren(t)si auf der Carrer Ballesteries direkt bei mir um die Ecke. Es ist sehr gemütlich allein durch die vielen Bücherregale an den Wänden. Hier kann man sehr gut für sich allein schreiben, obwohl das Café immer voll von Einheimischen ist.

Viele Schriftsteller suchen zum Schreiben die Einsamkeit, weil sie sie brauchen wie der Handwerker sein Werkzeug. Der Schweizer Schriftsteller Max Frisch verließ mit knapp über 40 seine Familie und beendete seinen Beruf als Architekt, um sein Leben ganz dem Schreiben zu widmen. Connie Palmen sagt passend dazu in einem Interview: „Um zu schreiben, muss ich mich aus der Welt zurückziehen, ich ertrage Menschen nicht sehr lange. Wenn man schreibt, verschwindet man selbst. Das Schreiben ist mir alles."

> *„Einsamkeit ist Unabhängigkeit, ich hatte sie mir gewünscht und mir erworben in langen Jahren. Sie war kalt, o ja, sie war aber auch still, wunderbar still und groß wie der kalte stille Raum, in dem die Sterne sich drehen."*
>
> Hermann Hesse

Die Einsamkeit und die damit verbundene Stille wird für viele zu ihrem neuen Zuhause. In ihr erkennen sie Liebe und Schönheit. Es adelt die Seele, zu solchen tiefen Empfindungen fähig zu sein, sie auszuhalten und daraus als jemand Neues hervorzugehen, also an ihnen zu wachsen. Sie durchleben die Einsamkeit, um ihnen in der Form des Worts eine neue Geborgenheit zu verschaffen. In der Einsamkeit verbinden sie sich mit dem Leben selbst.

Das heißt nicht, dass sich das Leben, die Liebesbeziehung und die Familie nicht mit dem Schreiben vereinbaren ließen. Wir können und müssen uns für das Schreiben nicht von den anderen abschotten. Meine Lieblingsschriftstellerin Simone de Beauvoir lebte mit Jean-Paul Sartre und ihren vielen Freunden mitten in Paris und sie trafen sich jeden Tag in den Cafés. Sie brauchten den Austausch, um existieren und weiterschreiben zu können.

Auch der junge Ernest Hemingway schrieb seinen ersten Roman „Fiesta" morgens in den Pariser Cafés und traf sich nachmittags mit gleichrangigen Künstlern. Doch es hindert nichts an der Tatsache, dass wir beim Akt des Schreibens allein sind.

Nicht Schreiben, das ist Einsamkeit.

Julia Cameron

Lebendigkeit und Einsamkeit schließen sich nicht aus. Wir dürfen die Einsamkeit nicht verachten oder bekämpfen, sondern als etwas Kostbares annehmen, das uns zum Schreiben befähigt. Und indem wir dieses Gefühl bewusst schreibend ergründen, kann es sich auch in Leichtigkeit verwandeln. Schreiben macht uns nicht nur auf uns selbst aufmerksam, sondern auch auf unsere Mitmenschen. Durch unser eigenes Erkennen sind wir dem anderen näher und nehmen ihn bewusster wahr.

Max Frisch sagte auf die Frage, warum er schreibe: „Ich habe Lust, etwas zu kommunizieren, man will nicht alleine sein." Schreiben ist etwas, mit dem man die Einsamkeit überwindet. Schreiben ist Rückzug ins Innere und dort erwartet uns ja jemand, ich nenne ihn Gott, also sind wir auch nicht allein.

„Die Menschen suchen sich Orte, an die sie sich zurückziehen können, auf dem Lande, an der See und im Gebirge. Und auch du hast es dir zur Gewohnheit gemacht, dich danach mit ganzem Herzen zu sehnen. Doch das ist wirklich in jeder Hinsicht albern, da es dir doch möglich ist, dich in dich selbst zurückzuziehen, wann immer du es willst. Denn es gibt keinen ruhigeren und sorgenfreieren Ort, an den sich ein Mensch zurückziehen kann, als die eigene Seele, besonders wenn er etwas in sich hat, in das er

eintauchen kann, um sich auf diese Weise sofort in voll-
kommener Ausgeglichenheit zu befinden. Unter Ausgeglichenheit verstehe ich nichts anderes als innere Ordnung.
Schaff dir also ununterbrochen diese Möglichkeit des
Rückzugs und erhole dich. "

Mark Aurel

Schwermütig oder leichtfüßig

17 Uhr in Spanien, die zweite Tageshälfte beginnt und ich bin
ans Meer gefahren. Ich setze mich an einen langen Holztisch in
ein großes Café mit viel Trubel um mich herum und ganz lecke-
rem Brotduft. Ich zähle die Menschen, es sind an die 40 im
Raum, und ich komme mir vor wie auf einer Fiesta. Auf den
Straßen ziehen die Jugendlichen ihre Schaurunden. Sie alle lachen und haben eine Menge Spaß.

Das erinnert mich an eine Diskussion, die ich mit einem Freund
hatte über den Unterschied von Spaß und Freude. Ich nannte
das eine oberflächlich, das andere tief. Er meinte, dass genau das
uns unterscheidet, er ist eher der leichtfüßige Macher-Typ, während ich die schwermütige Denkerin sei. Ich nahm wahr, dass
ich ihm direkt das Gegenteil demonstrieren wollte, indem ich
ihm mein strahlendes Lachen und meine Fröhlichkeit zeigte.
Doch ich hielt inne, denn er hatte Recht und ich dachte gar
nicht daran, diese Seite an mir zu verleugnen. Ich fühlte mich im
Gegenteil dazu verpflichtet, meine Schwermut zu verteidigen.
Es dauerte einige Zeit und viele allein verbrachte Stunden, bis
ich das Wort Schwermut begriff: Mut zur Schwere. Es braucht
Mut, sich der Schwere auszusetzen. Es braucht Stärke, die Tiefen
und Schattenseiten des Lebens bewusst anzuschauen und an ihnen wachsen zu wollen.

Es mag für manche Menschen einfacher sein, nicht darüber nachzudenken, woher sie kommen und wohin sie am Ende gehen. Vielleicht kann man so fröhlicher und selbstsicherer durch das Leben schreiten, während Menschen wie ich zu Traurigkeit, Einsamkeit und Selbstzweifeln neigen. Aber ohne diese Eigenschaften würden Sie jetzt nicht dieses Buch in Ihren Händen halten.

Das Schreiben braucht den Mut zur Schwere, zur Einsamkeit, zur Trauer, damit tiefes Durchdringen und Ringen mit sich selbst möglich wird.

Ich wage die These, dass wir nur an etwas innerlich wachsen, das schwer für uns ist. Wenn alles für uns leicht ist, müssen wir nichts überwinden, lernen nichts dazu und können nicht erhöht oder erweitert werden. Immer den einfachen Weg zu gehen, lässt uns leider auch gleich bleiben. Jetzt können Sie sagen, ich will ja bleiben, wie ich bin. Das ist allerdings schwieriger als sich zu verändern. Die Welt ist nicht immer gleich, es ist ein Vergehen, Wachsen, Erneuern und Absterben. So ist der Mensch zwangsläufig der Veränderung ausgesetzt. Er kann sie verleugnen, indem er sich im Außen mit Vergnügungen jeder Art ablenkt oder er kann sie als etwas begreifen, das ihn weiten will, heben. Der österreichische Autor Peter Handke sagt dazu passend: „Ein Künstler ist nur dann ein exemplarischer Mensch, wenn man an seinen Werken erkennen kann, wie das Leben verläuft. Er muss durch drei, vier, zeitweise qualvolle Verwandlungen gehen."

Bitte nehmen Sie sich einen Moment Zeit und googeln Sie das Gedicht von Hermann Hesse: „Stufen". Es begleitet mich seit meiner Kindheit. Es zeigt in den schönsten Worten, was es heißt, von einer Lebensstufe zur nächsten emporgehoben zu werden. Der Weltgeist will nicht fesseln uns und engen ...

Leiden wie ein Hund

Der Philosoph Friedrich Nietzsche fragt den Schriftsteller in seiner eigentümlich schroffen Art, ob man denn auch genug gelitten habe? Und Marie Ebner-Eschenbach sagt: „Es schreibt keiner wie ein Gott, der nicht gelitten hat wie ein Hund." Das soll keine Aufforderung dazu sein, dass Sie sich jetzt absichtlich in ein Gefühlschaos begeben, nur um sagen zu können, ich habe gelitten. Es soll eher eine Ermutigung sein, sich auch diesen Gefühlen in ihrer ganzen Intensität zu stellen.

Udo Jürgens sagte einmal, dass es keine Weltliteratur oder Lieder geben würde ohne das Leiden an der Liebe. Viele Kunstwerke entstehen aus dem Leiden heraus, weil wir in dieser Phase eng mit unseren Gefühlen verbunden sind.

Wer leidet und dies schreibend verarbeitet, setzt sich mit sich selbst auseinander, er reflektiert sein Handeln und sein Denken. Die äußere Enttäuschung wird mit einer inneren Einkehr verarbeitet. Im besten Falle findet er hier etwas, das befriedigender ist als im Außen. So macht er sich nicht mehr abhängig von den Urteilen anderer oder den Stürmen des Lebens, er ist fähig, sein Erlebtes immer wieder neu einzuordnen, sodass es für ihn einen Sinn ergibt.

Schreiben Sie auf, wie Sie sich fühlen. Seien Sie genau! Es reicht nicht, zu schreiben, es geht mir schlecht. Das ist viel zu abstrakt. Ich fühle mich einsam, niedergeschlagen, hilflos oder ohnmächtig, ist schon besser, weil wir direkt ins Gefühl gelangen. Lassen Sie das Geschriebene eine Zeit lang liegen und beginnen Sie dann den Text zu untersuchen. Gibt es Redewendungen, Wortkombinationen, die Sie vielleicht für ein Gedicht verwenden können?

Lesen Sie von Connie Palmen: „I.M.". Es ist ein Buch über Trauer, Verlust und eine symbiotische Liebe. Ischa Meijer war ein berühmter Talkmaster in den Niederlanden und die beiden verbrachten die letzten vier Jahre vor seinem überraschenden Tod zusammen. Connie Palmen ist eine Frau, die aus der Einsamkeit heraus schreibt und den Schmerz in unglaublich berührender Weise mit Worten fasst. Viele Jahre später schreibt sie ein ähnliches Buch über ihre Beziehung zu dem Staatsmann Hans van Mierlo, mit dem sie bis zu seinem Tod liiert war: „Logbuch eines unbarmherzigen Jahres".

Dies soll keine Hommage an das Leiden werden, denn das Leben will uns in seiner Kraft erleben und Leiden schwächt auf Dauer. Leiden sollte aus unseren Köpfen herauskommen als eine Art des edlen Rittertums, ohne den man kein richtiger Künstler sein kann. Ich kenne sehr glückliche Künstler, die zwar gelitten haben und immer mal wieder leiden, aber die ihre Kunst lieben und sich durch sie befreit fühlen. Jemand, der in seinem Leid hängen bleiben will, hat genauso wenig begriffen, wie jemand, der sich dem Leid nie gestellt hat. Die Kunst will uns vom Leiden befreien, nicht daran ketten.

Es gibt eine interessante Analyse von Bill Clintons erster offizieller Rede im Vergleich zu einer Rede davor, als ihn noch keiner kannte. Die erste war sehr langweilig, die zweite sorgte dafür, dass er der Präsident der Vereinigten Staaten werden konnte. Was war passiert? Er hatte davon erzählt, wie er in seiner Kindheit gelitten hatte, wie er dieses überstanden und bewältigt hatte und daran gewachsen war. Menschen, die Krisen überwinden und daran wachsen, sind unsere Helden.

Schreiben ist wie heftig weinen

Ich setze mich an den einzigen freien Tisch im River Café an der Basilika San Feliu auf die Terrasse mit Blick auf die Löwin aus Stein, für dessen Hinterteil (El Cul de la Lleona) hier alle Touristen Schlange stehen. Es heißt, wer ihn küsst, kehrt wieder in die Stadt zurück. Viele wollen zurückkehren, stelle ich fest.

Neben mir am Tisch sitzt eine Familie, bei der eine sagen wir angespannte Stimmung herrscht. Das Drama habe ich wohl gerade verpasst. Mutter und Tochter schauen betreten. Der Vater beugt sich zum weinenden Sohn und flüstert ihm ins Ohr: „Dame un beso. – Gib mir einen Kuss." Der höchstens 5-jährige Sohn thront auf einem Stuhl, die Arme auf der Lehne und presst die Lippen aufeinander. An einen Kuss ist nicht zu denken. Es herrscht Krieg. Ein paar Minuten später beugt sich der Vater wieder zu ihm: „Dame un beso." Keine Reaktion auf dem Thron. Eine gefühlte Ewigkeit später beugt sich der Sohn vor und flüstert Papa etwas ins Ohr. Daraufhin darf er aus seinem Glas trinken und der Vater sagt wieder: „Dame un beso." Der Kleine lächelt und küsst ihn hoheitsvoll. Alles ist wieder gut.

> *Schreiben ist eine Art von Therapie, manchmal frage ich mich, wie jene Menschen, die nicht schreiben, komponieren oder malen, es fertig bringen, dem Wahnsinn, der Melancholie oder der panischen Angst zu entfliehen, die mit dem Menschsein verknüpft sind.*
>
> Graham Greene

Ich finde, Schreiben ist wie heftig weinen. Das kann man auch nicht länger als eine halbe Stunde. Die meisten Therapien sind so aufgebaut, dass man noch einmal in den Schmerz hineingeht und erkennt, woher der Schmerz wirklich kommt (meistens aus der Kindheit), sodass man ihn später Stück für Stück loslassen kann. Schreiben führt uns in den Schmerz, indem wir unzusammenhängend drauflos schreiben und nichts aussparen. Hier dürfen wir alle Emotionen loslassen, das Papier saugt geduldig unsere Worttränen auf. An irgendeinem Punkt verändert sich die Stimmung und wer weiter schreibt und sich von nichts und niemandem beirren lässt, wird fähig, die Stücke in ein Ganzes einzubinden. Man entdeckt den Sinn und die eigene Verantwortung an den Konflikten und Dramen.

Schreiben löst die Trauer

Ich habe mich mit meinem Blog „Meine Schreibbar" bei einem Aufruf angemeldet, einen Artikel über das Thema Trauer zu schreiben. Ich weiß das jetzt seit gut einem Monat, habe auch direkt zugesagt, aber an nichts Konkretes gedacht. Da es nun zeitlich eng wird, treibe ich mich innerlich an. Irgendwann, natürlich als ich etwas ganz anderes machen will, überkommt mich die Lust, zu schreiben. Plötzlich zieht es mich an den Küchentisch. Ich mache mir Wasser heiß und zupfe mir Pfefferminzblätter in die Tasse (die mich an die Pfefferminze im Garten meiner Mutter erinnern) und beginne zu schreiben. Der Text entwickelt sich anders als ich mir das vorgestellt habe. Auf einmal schreibe ich über meine Mutter und ihre Trauer über den Verlust der Zwillinge (Mädchen) vor mir, über den Tod ihres Vaters, als sie mit mir hochschwanger ist. Ich schreibe und schreibe, mir fällt ein, was Mama mir darüber erzählt hat, und währenddessen sehe ich sie auf dem Sofa sitzen und dabei ihre geliebten Decken häkeln. Ich höre ihre Stimme, rieche ihre Schürze und den Bratenduft aus der Küche, sitze bei ihr und schütte mir Kaffee nach.

Ich lächle mir unwillkürlich zu, denn jetzt weiß ich, warum ich so lange Anlaufzeit für diesen Text hatte. Er berührt Trauer, die sich in meinen Zellen festgesetzt hat. Mit meinem Bleistift als Übersetzer, kommt die Trauer und die damit verbundene Angst vor dem sich stetig verändernden Leben ganz heraus.

Schreiben ist ein sich Sehnen

Am Morgen trete ich auf die Straße hinaus und habe direkt einen leckeren Brotduft in der Nase, der sich durch die engen Gassen zieht. Ich entscheide mich für ein kleines Café, das gut besucht ist, vor allem von der Polizei, also ein gutes Zeichen. Vor dem Café sitzt ein Mann auf einem Klappstuhl, der Lose verkauft. Er hat eine Verletzung am rechten Fuß und tritt nur mit dem Fußballen auf. Gerade stehen drei Leute vor ihm und unterhalten sich angeregt. Eine Oma nach der anderen nutzt die Zeit für ein Schwätzchen und kauft Lose. Die Sonne schlängelt sich geschickt den Weg durch die Wolken, damit sie diese bunte sympathische Truppe vor dem Café erhellen kann.

Wie die Sonne sich durch die Wolken drängt, so drängen sich mir auch Wörter und Sätze auf. Ich spüre ganz deutlich eine Kraft im Inneren und werde förmlich zum Schreiben getrieben. Meistens bin ich mit dem alltäglichen Kram beschäftigt, der zu erledigen ist und kümmere mich nicht weiter darum. Doch diese Kraft wird stärker und wenn ich diesem Drängen nicht nachgebe, drängt es mich an die Wand, bis ich keine Luft mehr kriege und für die Außenwelt unausstehlich werde. Um etwas für sich Wichtiges aufzuschreiben, braucht es dieses Drängen. Etwas will an die Oberfläche. Ich glaube, es ist eine uns allen innewohnende Sehnsucht nach Wahrheit, dem Schönen, der Liebe und der Freiheit. Im einfachen Schreiben findet das seine Erfüllung, das Drängen kann sich durch die Wortgestaltung lösen.

Hören Sie sich auf Youtube die Rede von Apple-Gründer Steve Jobs an, die er 2005 auf der Abschlussfeier der Stanford University im kalifornischen Palo Alto gehalten hat. Seine motivierende Rede handelt davon, welche Krisen er überwunden hat, u.a. seine eigene Kündigung im Weltunternehmen und sein erneuter Aufstieg. Sein Fazit: Liebe, was du tust, und dir wird alles gelingen.

Schreiben ist Konzentration

Heute habe ich meine Nichte gebeten, Fotos von mir zu machen, wenn ich schreibe. Ich war mir sicher, dass ich dann besonders entspannt aussehe. Weit gefehlt, denn sie fordert mich ungeniert auf, die Stirn nicht so in Falten zu legen. Mal ganz abgesehen davon, dass ich nicht an Falten erinnert werden will, bin ich überrascht, dass ich gerade bei meiner Lieblingsbeschäftigung die Stirn in Falten ziehe und nicht vollkommen verklärt, faltenfrei und entspannt wirke.

Daraufhin recherchiere ich im Internet und nehme mir die Bilder einiger Schriftsteller vor und stelle fest, bei denen ist es genauso, wenn es sich um einen Schnappschuss beim Schreiben handelt und nicht um ein gestelltes, geschöntes, bis zur Unkenntlichkeit aufgehelltes Foto.

Konzentration kann mit einem gespannten Bogen verglichen werden. Das Gehirn ist angespannt, die Nervenzellen sind bis aufs äußerste gereizt und gedehnt und in diesem einen entscheidenden

Moment, wenn wir fokussiert sind, reizt uns ein inneres Signal und wir lassen den Pfeil los und das Wort trifft ins Schwarze.

Kennen Sie den Film „Mitten ins Herz – Ein Song für dich"? Darin spielt Drew Barrymore eine Songwriterin, die unter Druck einen guten Song schreiben soll. Nur wenn sie die Mine ihres Kugelschreibers klickt, kann sie sich konzentrieren. Ich drehe den Stift mehrere Male mit meinem Daumen, Zeigefinger und Mittelfinger hin und her. Mein Gehirn braucht das, um auf den Punkt zu kommen. Diese Gesten spiegeln den Moment höchster Anspannung, kurz bevor die Idee geboren wird, wider.

Als ich mit meiner Maler-Kollegin darüber rede, sagt sie, dass sie auch bei der Vorzeichnung hoch konzentriert ist, es ist fast schmerzhaft wie bei einer Geburt. Später, wenn sie mit Farbe arbeitet, ist es wie ein befreiter Tanz. Meine Bildhauer-Kollegin schilderte den ersten Schritt, bevor sie den Stein oder Marmor bearbeitet, als den schwierigsten. Vorher rennt sie hin und her und findet keinen Anfang. Es ist auf der einen Seite die Vorfreude, etwas Neues zu beginnen, auf der anderen Seite die Qual der Wahl, was jetzt entstehen soll. Auch sie wird unbewusst ein Wissen anzapfen, das sich über Jahre in uns angesammelt hat und darüber hinaus besteht, ich nenne es das Urwissen. Im Schreiben verbinden wir uns mit diesem Urwissen, mit der Weisheit Gottes, wir haben Anteil, nehmen Teil und bringen im Kunstwerk etwas zur Vollendung.

Schreiben besteht jedoch nicht nur aus den kreativen Schüben, sondern auch aus viel Arbeit. Zuerst kommt der Schub, der Freude macht, der einen Zeit und Raum vergessen lässt. Das ist ein pures Vergnügen, ein Schwelgen in Gedanken, eine Schönformuliererei. Da kommt mein Traumtänzer-Ich voll zur Entfaltung. Danach kommt jedoch die Arbeit, das Streichen, Umformen,

Neuformulieren, damit die einzelnen Wörter logisch aufeinander aufbauen und ihre Kraft behalten. Zum Schluss, wenn sich die einzelnen Fragmente, Sätze und Worte ineinander fügen, ist es wieder ein pures Vergnügen. Ja, es ist wie ein Fest, oder wie meine Kollegin sagte, ein Tanz.

Sie sollten sich mal lesen!

Wenn Sie schon einmal an einem Seminar zum Schreiben teilgenommen haben, in dem eine wohlwollende und herzliche Atmosphäre herrscht, wissen Sie, wie verbindend es sein kann, sich in dieser vertrauten Umgebung die eigenen Geschichten vorzulesen. Besonders wenn die Geschichten zusammen entstanden sind, macht das Vorlesen viel Freude. Jeder hat durch sein So-Sein dazu beigetragen, dass die Geschichte entstanden ist.

Durch wohlwollendes Feedback ist es schön, durch die anderen noch mal einen anderen Blickwinkel auf die Geschichte zu bekommen. Wir erfahren die Reaktionen der anderen als bereichernd, da wir mit ihrer Hilfe die Beobachterposition einnehmen können, wichtige Hinweise bekommen und oft genug staunend zurückbleiben. Nie hätten wir gedacht, dass unsere Geschichte auch ganz anders wahrgenommen werden könnte. Natürlich gibt es Situationen, in denen man lieber schweigt und seine Geschichte nicht teilen möchte. Doch wenn wir den Mut entwickeln, hat das eine sehr heilende Wirkung.

Als ich Teile aus meinem Trauertagebuch über den Tod meines Vaters nach vielen Jahren in einem Seminar vorlas, wirkte das wie ein Dammbruch, auf den ich in keinster Weise vorbereitet war. Ich konnte nach den ersten Sätzen schon nicht mehr richtig sprechen, ich verkrampfte, weinte, bezwang mich, las weiter in die Stille des Raumes hinein, die nun gefüllt war mit meiner Trauer. Das Seminar war für die Verbesserung des Stils gedacht, kein Selbsterfahrungsseminar, und es war mir unangenehm, den Rahmen zu sprengen. Doch die Zuhörer reagierten sehr einfühlsam und bedankten sich dafür, dass ich so etwas mit ihnen teilte.

Generell kann negative Kritik im falschen Augenblick auf die Kreativität vernichtend wirken. Abgesehen davon, dass es bei den Texten, von denen ich hier schreibe, sowieso nicht um Feedback geht, sondern um den Akt des Schreibens selbst, denke ich, dass wir uns zu sehr das Negative merken und uns das für das weitere Schreiben entmutigt. Kritik ist direkt an die Bewertung in der Schule gekoppelt und fördert nur alte Ängste, nichts zu können oder etwas falsch gemacht zu haben. Rainer Maria Rilke fasst es in seinen Briefen an einen jungen Dichter gut zusammen:

„Mit nichts kann man ein Kunst-Werk so wenig berühren als mit kritischen Worten: es kommt dabei immer auf mehr oder minder glückliche Missverständnisse heraus.“

Ein weiterer wichtiger Punkt ist das Fremd-Lesen. Lassen Sie Ihre Geschichte von einem anderen lesen. Das ist ein spannender Vorgang, der Ihnen hilft, das Geschriebene aus einer Distanz zu betrachten. Wie wirkt Ihr eigener Text auf Sie? Was löst er in Ihnen aus? Ist er Ihnen vertraut oder fremd? Rilke schreibt:

„Lesen Sie die Verse, als ob es fremde wären, und Sie werden im Innersten fühlen, wie sehr es die Ihrigen sind.“

69

Schreiben hält jung

Als ich vor ca. sechs Jahren an meinem ersten Schreibseminar teilnahm, erwartete mich eine bunte Gruppe von acht Damen um die 70. Als wir wie jedes Jahr unsere Weihnachtsfeier bei der Lehrerin hatten und uns gegenseitig unsere Texte vorlasen, meinte ihr Mann, der nebenan in seinem Büro saß, später, es habe sich angehört wie ein voll besetzter Konzertsaal.

Bei einem öffentlichen Auftritt unserer Schreibgruppe in einem Café mit Kuchen und Schlagsahne habe ich in ihre Gesichter geblickt und darüber gestaunt, wie jung sie wirken, wenn sie aus ihrem Leben vorlesen. Das Schreiben der Geschichten hält sie jung, weil es Freude ist, schöpferisch und kreativ tätig zu sein.

Schreiben bringt uns innerlich und äußerlich in Bewegung. Und Schreiben verknüpft viele Werte des Lebens wie Zugehörigkeit, Liebe, Freude, Humor, Hoffnung und Toleranz, alles Werte, die definitiv jung halten.

Ich wüsste wirklich nicht, wann ich so gelacht hätte wie bei den Geschichten dieser Damen, die ihr Leben unter der Anleitung unserer Lehrerin schildern: verstopfte Plumps-Klos mit verheerenden Folgen oder missglückte Hochzeitsnächte über einer Räucherei. Trotz dem Krieg haben sie ihren Humor und die Liebe zum Leben nicht verloren. Wenn sie vorlesen, verbindet das alle auf sehr anrührende Weise. Ich glaube für jeden in der Gruppe sprechen zu können, wenn ich sage, dass wir uns dieser Gruppe zugehörig und nah fühlen durch unsere Geschichten. Uns eint die Freude am Schreiben und am Zuhören. Dank unserer Lehrerin werden Texte nicht bewertet, nur Fehler korrigiert (da ist sie streng). Jeder darf seine wunden Punkte ausbreiten und schreibend verarbeiten. Wir Zuhörer empfinden es als Ehre, so viel Vertrauen geschenkt zu bekommen.

Insgesamt ist in der Gruppe zu schreiben, sehr zu empfehlen, da man aufgefordert wird, regelmäßig zu schreiben, sich mehr Mühe gibt und eindeutig an seinen Aufgaben wächst. Das Schreiben ist zudem etwas, das man meistens nicht mit der Familie und dem engen Freundeskreis teilt, so ist es schön, eigens dafür eine eigene Gruppe zu haben. Das Schreiben in der Gruppe bietet die Möglichkeit, sich selber neu auszuprobieren, sich auf eine Art fremd zu werden, schön fremd.

Beim Schreiben blockiert

Ich sitze im Context Lliberia hinter der Basilika San Feliu, ein Künstlercafé, in dem abends auch mal katalanischer Poetry Slam vorgestellt wurde. Das Lokal ist hinten voller Bücher und ich frage mich im Stillen, wie viele Schreibblockaden jeder der Autoren wohl zu überwinden hatte, bevor er das Werk vollendete. Es gibt bei jedem von uns Zeiten, in denen wir nicht schreiben wollen oder können. Irgendwas sperrt sich. Man fragt sich vielleicht, welchen Sinn es letztendlich macht, ob man nun schreibt oder es lässt. Merkt es überhaupt jemand? Und wenn nicht, sollte man es nicht gleich lassen?

*Nicolas Cage spielt in dem Film „Adaption – Der Orchideen-Dieb"
einen Autor, der ein Drehbuch schreiben soll über Orchideen. Seine
Selbstzweifel und seine innere Verbitterung machen ihn mürbe. Er
leidet sichtlich an einer Schreibblockade, denn er findet keinen Einstieg in das Drehbuch. Er starrt auf das weiße Blatt in der Schreibmaschine und man hört ihn denken: „Ich brauche einen Kaffee und*

Muffin. Erst eine Seite schreiben, dann kannst du dir das als Belohnung gönnen. Muffin, da wären diese leckeren um die Ecke gut … ".

Wir alle kennen diese Schreibblockaden, denke ich. Wenn es darum geht, diszipliniert am Stück zu schreiben, haben wir auf einmal unsere Wohnung blitzeblank, die Haare sind frisiert, die Fingernägel gefeilt und lackiert, aber das Blatt Papier liegt noch genauso weiß vor uns wie am Tag vorher. Nur Künstler sein, reicht nicht. Wir müssen auch eine bodenständige, disziplinierte und organisierte Seite haben. Das Unbewusste baut uns diese Hürden auf, ganz einfach deswegen, weil es neben Neuerungen noch weniger Disziplin und Konzentration mag. Lieber den Kaffee trinken und mit der Freundin am Telefon quatschen. Ist doch egal, fängst du halt morgen an. Dass es nicht egal ist, merkt man an der schlechten Laune, die man den ganzen Tag mit sich herumträgt.

Einen neuen Schritt zu wagen oder ein neues Wort auszusprechen, fürchten die Menschen am meisten.

Fjodor Dostojewski

Die Hürden des Unbewussten kann man allerdings mit einfachen Tipps umschiffen. Das Unbewusste muss sich daran gewöhnen, dass Arbeiten nichts Schlimmes ist und nicht weh tut, sondern dass es uns ganz im Gegenteil tief erfüllt. Wer schreiben will, kann schreiben und zwar egal was. Wer unbedingt etwas Geniales verfassen will, den großen Wurf direkt und ohne Überarbeitung landen will, der muss sich nicht wundern, wenn er darauf ziemlich lange wartet. Schreiben um des Schreibens willen sollte unsere größte Sehnsucht bleiben.

Hier ein paar nützliche Tipps, um über Schreibblockaden hinwegzuschreiben:

- Schreiben Sie über sich und Ihre Schreibblockade in der dritten Person. Zum einen bringt der Perspektivwechsel Abstand und neue Ideen. Zum anderen werden Sie sich mit dem Teil von Ihnen anfreunden können, wenn Sie aufschreiben, was genau Sie tun, wenn Sie blockiert sind.

- Versetzen Sie sich in Ihren idealen Leser. Was wünscht er sich? Was braucht er?

- Schreiben Sie regelmäßig morgens vor dem Aufstehen drei Seiten voll mit Ihren Gedanken, sodass Schreiben zu etwas völlig Normalem gehört wie Zähneputzen.

- Nutzen Sie das spirituelle Schreiben und schreiben Sie Ihre Fragen an eine höhere Macht auf. Nehmen Sie sich Zeit, entspannen Sie sich und beantworten Sie diese Fragen, lassen Sie aus dieser Entspannung heraus die höhere Macht zu Wort kommen. Sie wird antworten, auch wenn es erst etwas dauert.

- Legen Sie ein Blatt neben Ihre Schreibarbeit. Schreiben Sie sofort, wenn Sie sich blockiert fühlen alles auf das Blatt. Es kann Ihnen hinterher wichtige, oft unbewusste Informationen liefern, die Sie Stück für Stück transformieren können.

- Nehmen Sie Kontakt auf mit dem Teil in Ihnen, der nicht schreiben will oder kann. Fragen Sie ihn, warum er nicht will oder kann, was er braucht, was er lieber tun würde. Hören Sie ihm zu. Er wird nicht nur bereitwillig antworten, sondern sich direkt ernst genommen fühlen. So können alle Persönlichkeitsanteile eine gemeinsame Lösung finden.

- Notieren Sie sich morgens in Ihrem Kalender Zeiten, wann genau Sie schreiben, z.B. von 12.00 bis 12.45 oder von 19.00 bis 21.00. Das ist ein Termin wie jeder andere auch. Wer diese Termine über einen Monat zum größten Teil einhält, trainiert seine Disziplin und ist bereit für den Bestseller!

Traumtänzer und Denker

Schreiberlinge, wie wir es sind, haben im besten Falle „zwei Seelen in der Brust", den praktischen und vernünftigen Denker und den empfindsamen und intuitiven Künstler. Der eine Teil kann nicht ohne den anderen existieren. Wenn wir nur aus unserem Verstand heraus schreiben würden, würden die Emotionen fehlen, und würden wir nur aus unserer Intuition heraus schreiben, hätten wir nicht die Disziplin und den Willen, Worte zu formen und einen zusammenhängenden Text zu schreiben.

Unser Künstler-Teil hat etwas Magisches, während der Denker-Teil logisch funktioniert. Das Überraschende, Spannende und Faszinierende liefert der magische Teil. Der Denker hat es in die Form einer Erzählung oder eines Romans zu bringen. Unser Künstler-Teil liebt das Chaos, der Denker-Teil die Ordnung.

Wir können das Chaos in uns überwinden, wenn wir es ungeordnet zu Papier bringen. Danach geht der Denker darüber und filtert so lange, bis eine Ordnung entsteht. Wenn das Zusammenspiel der beiden funktioniert und sie sich nicht bekämpfen, dann fließen die Texte. Genau deswegen nenne ich das Unbewusste auch nicht „Schweinehund", denn es ist ein Teil von mir, der nur geachtet werden will. In dem Moment, in dem ich ihn bekämpfe, trenne ich mich von dem Teil und dadurch wird er sich an anderer Stelle bemerkbar machen. Besser ist es, den künstlerischen Teil als Traumtänzer und den anderen als Denker zu kennzeichnen. Beide können einen flotten, originellen und faszinierenden Tanz hinlegen, wenn sie harmonisch miteinander verschmelzen.

Blockiert oder gesperrt?

Ich sitze im Syrah Café d`autor, das auf dem Weg von meinem Parkhaus in die Altstadt liegt. Ich habe gerade verzweifelt versucht, mit dem Auto aus der Stadt herauszukommen. Leider sind jedoch heute viele Straßen gesperrt für ein Fahrradrennen. Girona ist die Fahrradstadt schlechthin, die Umgebung ist ideal zum Trainieren von Profis.

Ich sitze an einem großen Tisch mit Blick auf die vielen Straßenschilder für die Sperrung und mir wird plötzlich klar, dass es einen großen Unterschied gibt zwischen einfachen Schreibblockaden und schwerwiegenden inneren Sperrungen bei Schreibern. Wenn wir über ein Thema nicht mehr schreiben können und sich etwas in uns sperrt, sobald wir den Stift aufs Papier setzen wollen, sollten wir achtsam werden.

Vor kurzem habe ich einen Blog-Beitrag im Netz gelesen über jemanden, der lange einen erfolgreichen Blog hatte und damit vielen Menschen geholfen hat, nun aber keine Ideen und vor allem keine Motivation mehr hat, ihn weiterzuführen. Ein Blogger, der mit großem Enthusiasmus gestartet ist, um seine eigene Angst in den Griff zu bekommen, und der seine Leser darüber informiert, wie man seine Angst jeden Tag aufs Neue überwindet, wird eines Tages genug haben von dem Thema Angst. Er kann sich nicht mehr mit seinem Thema identifizieren. Die innere Sperrung, weiterzuschreiben, ist hier ein ganz wichtiger Ruf der Seele und darf nicht einfach als lästig abgetan werden.

Meistens sind Blogs so angelegt, dass sie eine ganz spezielle Nische abdecken. In dieser Nische bewegt man sich über Jahre, doch wer will sich schon so lange nur auf diesen kleinen Bereich des Lebens festlegen lassen? Das Leben hat mehr zu bieten. Und manchmal kann es auch ein Fluch sein, seinen Traum vom erfolgreichen Blog zu erfüllen, weil neben fantastischen Glücksgefühlen am Anfang eben auch Dinge in Bewegung kommen, die man nicht will, z.B. seinen Lesern über Jahre mit einem Thema verpflichtet zu sein. Dann kann es passieren, dass man sich mit dem Traum wieder genauso fremdbestimmt fühlt wie an seinem letzten Arbeitsplatz. Wenn man sich nicht die Freiheit zugesteht, immer wieder seine Sachen zu packen und jemand anderes sein zu dürfen, missachtet man ein wichtiges Bedürfnis der Seele: Wahrhaftigkeit. Wir sind Hüter unserer Seele. Deswegen ist es wichtig, in direktem Kontakt mit ihr zu sein, um früh genug zu spüren, wohin sie will und was sie braucht.

Schreiben, nicht denken!

In dem Film „Forrester – Gefunden" geht es um einen berühmten Schriftsteller, der sehr zurückgezogen lebt und nur noch durch ein Fernglas, mit dem er aus seinem Fenster guckt, mit der Welt verbunden ist. Forrester, genial gespielt von Sean Connery, erinnert an den Schriftsteller J.D. Salinger, der berühmt geworden ist mit seinem Roman „Ein Fänger im Roggen". Der 16-jährige Jamal ist ein sehr begabter Junge, der gerne schreibt. Wegen einer verlorenen Wette muss er in die Wohnung des Schriftstellers eindringen und bei seiner Flucht vergisst er seine Tasche, in der seine voll geschriebenen Notizbücher sind. Als er sie endlich von Forrester wiederbekommt, sind die Schreibversuche von ihm gründlich kommentiert. Etwas beschämt, aber auch neugierig, beginnt Jamal, den Schriftsteller regelmäßig zu besuchen. Zwischen den beiden entwickelt sich eine Freundschaft. Forrester wird zu seinem Schreib-Mentor. Eines Tages lässt er ihn eine

Seite aus seinem eigenen Roman abschreiben und er fordert ihn auf, in seinen eigenen Worten weiterzuschreiben.

„Hau in die Tasten", „Schreib, bis du deine Worte spürst", „Schreiben, nicht denken!", fordert er ihn auf.

Das ist es! Genau das! Nachdenken ist das Schlimmste, was wir tun können, wenn wir einmal im Fluss des Schreibens sind. Es muss aus uns herausfließen, jedes bewusste Denken würde diesen Fluss nur unterbrechen. Dieser Fluss ist unaufhaltsam und entspringt direkt unserem Herzen. Da hat der Verstand nicht zu stören.

Ich halte diese Übung, mit dem Anfang einer anderen Geschichte zu beginnen, für sehr spannend. Wir sollten ruhig öfter Geschichten abschreiben, weil wir dadurch in einen anderen Sprachstil eintauchen und so viel über unseren eigenen Stil lernen können. Es ist auch eine Möglichkeit, seine Angst vor dem leeren weißen Blatt zu überwinden, denn es formt sich leichter etwas, wenn schon was da ist. Und der eigene Stil formt sich überraschenderweise gut, wenn wir mit einem anderen uns fremden Stil beginnen.

Originalität

Heute war ich in den spanischen Bergen wandern. Ich war heilfroh, als ich den Abstieg gut überstanden hatte, denn das Geröll war in der Höhe schon gefährlich rutschig. Jetzt sitze ich bei einer schönen Tasse Kaffee in dem etwas dunklen „El Café" direkt gegenüber von dem alten Spirituosengeschäft, das voll gestellt ist mit Schnapsflaschen und Pralinen. Ich schaue mir die Handyfotos von der schönen Aussicht in den Bergen an und denke darüber nach, dass Reisen und Ausflüge immer auch gute Themen für das Schreiben bieten. Allerdings müssen Sie nicht gleich den höchsten Berg erklimmen wie ich heute oder etwas Außergewöhnliches erleben, um eine spannende Story zu schreiben.

Was wirklich wichtig ist, ist, dass Sie Ihr Inneres freilegen. In jedem Menschen ist etwas, das einzigartig ist. Es braucht jeden Tag mindestens 10 Minuten, um diesem Ich, Ihrem inneren Wesenskern, zu begegnen! Lernen Sie SICH kennen, da ist genug Potenzial enthalten. Dazu gehört Mut, denn wenn Sie sich so zeigen, wie Sie sind, wie es in Ihnen denkt und fühlt, dann machen Sie sich natürlich auch verletzbar. Bedenken Sie aber, tragen Sie weiterhin eine Maske, um zu gefallen oder auf der sicheren Seite zu sein, werden Sie nie dem gerecht, wozu Sie auf der Welt sind.

Unehrlichkeit rächt sich in Einsamkeit, Fremdbestimmung, Unzufriedenheit und vor allem bei der Ausübung Ihrer Talente. Schreiben Sie ehrlich oder lassen Sie es ganz. Nur der Ehrliche findet seinen Stil, seine Wörter, seine Satzkonstruktion, seine Art, in der Welt zu sein. Ihr ganz eigener Stil bekommt den Wert durch das, was Sie in sich offengelegt haben. Wenn Hemingway mit einer Story nicht in Gang kam, ermunterte er sich selbst mit den Worten: „Mach dir keine Sorgen. Alles, was du tun musst, ist einen wahren Satz schreiben." Wie wahr!

Nehmen Sie die folgenden Fragen als Einstieg ins Schreiben über sich selbst: Was regt Sie unglaublich auf? Welche Ihrer Werte sind dabei verletzt? Welche Stärken bewundern Sie bei anderen? Mit welchen Schwächen können Sie gar nicht umgehen? Was ist Ihnen richtig peinlich? Worüber würden Sie nie reden/schreiben? Welche Gedanken peitschen regelmäßig durch Ihren Kopf? Welche Gefühle meiden Sie und warum? Wozu sind Sie auf der Welt? Gibt es Gott und wie stellen Sie sich ihn vor? Gibt es ein Leben nach dem Tod? Beantworten Sie diese Fragen schriftlich!

Ihre Leser sind interessant

Heute sitze ich in einem sehr hellen und warmen Café hinter einer kleinen Kirche. Etwas beunruhigend finde ich, dass es hier Crêpes gibt. Zum Glück rieche ich nichts, da ich erkältet bin und die Nase zu habe, ich nehme also nur den visuellen Reiz wahr, dem ich durch den starren Blick aufs Blatt zu widerstehen versuche. Mein Gott, was schmeckt der Kaffee hier gut, es soll eine stärkere Röstung in Spanien als in Deutschland sein, wird mir gesagt. Rechts hinter mir sitzt ein Mann, der mir Löcher in den Rücken starrt: „Was macht die hier?"

Ich bin heute nicht in der Stimmung, zu schreiben. Ich lasse mich also von der Musik im Café einlullen. Doch eine Crêpe mit Schokolade? Nein, nur zur Not Schokolade, danach Schreiben. Besser wäre erst Schreiben, was Bedeutendes natürlich, etwas, das sich für einen Leser lohnt, dann die Crêpe.

Ich bleibe bei der Frage hängen: Wer ist eigentlich mein Leser? Gibt es den Leser?

Von welchen Personen möchten Sie gelesen werden? Stellen Sie sich mal den idealen Leser vor und schreiben Sie darüber. Dieser Perspektivwechsel bewirkt, dass man viel emotionaler, herzlicher ans Schreiben herangeht, weil man sich vorstellt, wer gerade diese Zeilen in der Hand hat. Sie bauen schon vorher eine Beziehung zu ihm auf. Blogs sind so erfolgreich, weil hier ein direkter Kontakt mit dem Leser stattfindet. Der Blogger antwortet auf Kommentare und geht auf den Leser ein. Der Mensch hinter dem Blog zeigt sein Gesicht und wird zu einem Freund.

Ich will mich nicht beruhigen

Ich sitze bei strahlender Sonne am Tisch hinter den Opas. Was soll ich nur ohne sie tun, wenn ich wieder nach Deutschland muss? Die Opas diskutieren heute lautstark. Es geht um Politik und Geld. Sie sind wütend, weil sie meinen, ungerecht behandelt zu werden. Über ihnen der Fernseher, der Los 40 zeigt. Ich setze mich hinter sie, ziehe mein Buch und meinen Stift aus der Tasche. Heute ist die Wurst auf meinem „Mini con fuet" schlecht zu essen, die Scheiben sind so groß, ich kriege sie nicht mit einem Biss runter und dann bleibe ich an der Schale hängen, weil sie die nicht abschneiden. Die richtige Gelegenheit, sich dem Gefühl mit der meisten Energie zu widmen: Wut.

Kennen Sie diese blanke Wut, die aus dem Nichts kommt, aber hartnäckig bleibt? Wenn ich wütend bin und zum Stift greife, brauche ich doppelt so viel Platz auf dem Papier, als wenn ich in friedlicher und entspannter Stimmung schreibe. An Schönschreiben ist nicht zu denken, Wut fördert ein Gekritzel und die Hand scheint eher vom Teufel geführt zu werden. Es ist nicht flüssig, weil die Verbindung zum Herzen unterbrochen ist. Der innere Widerwille, die Wut anzunehmen, schleudert Schläge aufs Papier.

Da ich in meiner Kindheit nicht wütend werden durfte (das nicht auch noch!), ist das Schreiben für mich eine Möglichkeit, dem Gefühl Raum zu geben, sich auszubreiten. Wir alle wissen, was mit der Wut passiert, wenn wir sie ausleben oder bekämpfen (so darfst du nicht sein, reiß dich zusammen, das solltest du doch nun endlich im Griff haben) oder totschweigen (ich bin nicht richtig, ich bin es nicht wert, gehört/gesehen zu werden). Doch wenn wir in dem Zustand zu Stift und Papier greifen und über das Gefühl schreiben, kann es sich auflösen. Ich darf aufschreiben, was mich nervt, belastet, rasend, wütend macht. Ich darf ohne schlechtes Gewissen Vorwürfe machen. Auf dem Papier brauche ich mich nicht zu beruhigen.

Wichtig ist, das Gefühl der Wut genau zu beschreiben und es nicht bei einem „schlecht" zu belassen, denn das ist kein Gefühl. Das Blatt nimmt alles geduldig und vorwurfsfrei auf und genau das ist es, was heilt. Unsere Wut darf sein, endlich! Wir nehmen sie als einen Teil von uns an. Natürlich gibt es bei mir auch verbale und frontale Wutausbrüche, doch auf lange Sicht verletzen wir uns damit selbst. Im Akt des Schreibens wandelt sich das Gefühl, wir entspannen allein dadurch, dass das Aufschreiben zur verlangsamten Wahrnehmung führt. Wenn ich voller Wut Anschuldigungen kritzle, saugt das Papier sie auf, und wenn ich den Stift zum Luftholen absetze, durchatme, fließt etwas zwischen die Zeilen: Liebe.

> *Die Schwingungsfrequenz der Liebe ist die ultimative Wurzel der Heilung.*
>
> Dr. Alex Loyd (Healing Code)

Liebe verwandelt die Wut. So bekommen wir zur Wut eine Distanz, die es uns ermöglicht, das Geschehene aus einer anderen Perspektive zu sehen. Mittlerweile weiß ich schon nach drei oder vier Sätzen, welchen wunden Punkt meiner Kindheit jemand verletzt hat. Das Schreiben macht bewusst.

Schreiben ist Leben

„Erst das Leben, dann das Schreiben", sagt mir in Deutschland eine Teilnehmerin aus einem Schreibkurs bei einem gemeinsamen Besuch in einem Café. Sie hat viel zu früh ihre Tochter verloren und verarbeitet diesen Schicksalsschlag, indem sie über die letzten gemeinsamen Jahre schreibt. Ihr Mann ist schon mal eifersüchtig auf das Schreiben, denn er hat keinen Anteil daran, wenn sie sich in ihren Raum zurückzieht. Schreiben scheint etwas zu sein, bei dem sie ihm abhanden kommt.

Ich muss an Connie Palmen denken, die im „Logbuch eines unbarmherzigen Jahres" genau von dieser Eifersucht auf das Schreiben ihres Mannes erzählt: „Wenn ich Hans Tagebuch schreiben sehe, bin ich gerührt und gleichzeitig fühle ich mich allein. Mich rührt die Einsamkeit, die ihn umgibt, wenn er, über sein Heft gebeugt, mit der Wirklichkeit Schritt zu halten versucht. (…) Solange du schreibst, lebst und sprichst du nicht mit mir."

Wir Schreiber merken oft nicht, wie sehr uns das Schreiben wegtreibt vom Partner oder den Kindern. Wir tauchen tief ab in den Prozess und verbinden uns mit den selbst erschaffenen Wortkreationen, dass wir unempfindlich werden für das, was um uns herum geschieht. Im schlimmsten Fall wird das Schreiben zu einem Ersatz für das Leben und wir ertappen uns dabei, die Welt und die Menschen darin wie hinter einer Glasscheibe zu beobachten, ohne gefühlsmäßig präsent zu sein. Doch wir brauchen soziale Kontakte, ehrliche Beziehungen, Streit und Versöhnung, all das, was das Leben bietet. Wir sind Teil des Lebens, das auch unser Schreiben nährt. Das Leben bietet uns für das Schreiben die nötige Inspiration. Tolle Geschichten sind schon aus einem Besuch beim Friseur, Bäcker oder im Waschsalon entstanden, bei dem ein Gespräch den Anstoß für einen Roman gab.

Basierend auf einer wahren Geschichte erzählt der Film „The Lady in the Van" von der skurrilen Miss Shepherd, göttlich gespielt von Maggie Smith, die in einem Van lebt und diesen „vorübergehend" in der Auffahrt des Schriftstellers Alan Bennett parkt, um sich dort einzunisten. Aus ihrem Notfall werden 15 Jahre, in denen die beiden sich zu mögen beginnen. Alan wird im Film durch zwei Persönlichkeiten verkörpert: der eine ist für das Schreiben zuständig und sitzt meistens am Schreibtisch und beobachtet das Geschehen draußen und der andere ist für das Leben zuständig und muss mit der alten Dame verhandeln, wenn sie ihn stört. Die beiden Persönlichkeiten verbinden sich nach dem Tod der alten Lady zu einer Person.

Wer schreibt, will nicht ankommen, sondern er begreift das Leben als fortwährendes Fließen. Im Schreiben steigt er ein in den Fluss des Lebens. Er beginnt die Reise zu sich selbst mit Stift und Papier auf dem Weg. Wer schreibt, stellt sich dem Leben. Schreiben ist kreativ, schöpferisch und faszinierend wie das Leben selbst. Das Schreiben gehört zum Leben, wie das Leben zum Schreiben. Schreiben ist Leben. Mein Leben ist Schreiben. Durch das Schreiben bekommt mein Inneres eine Stimme, ich lebe! Hier bin ich! Das bin ich! Schreibend in sich das Leben zu entdecken als eine Form der Lebendigkeit und diese mit anderen zu teilen, ist mit Sicherheit die schönste Form, zu leben. Hier schließt sich der Kreis. Ich schreibe, um zu leben.

Niemand, der schreibt,
kann die dadurch entstehende Freude für sich behalten.
Er will sie teilen.

Niemand, der schreibt,
kann die dadurch entstehende Liebe für sich behalten.
Er will sie teilen.
Schreiben führt uns ins Leben.
Schreiben verbindet uns mit der Liebe in uns.
Schreiben ist das Leben lieben.

Was bleibt

Wer schreibt, hält an, findet Ruhe
und lässt den Stift den Rest erledigen.

Es ist Sonntagnachmittag und ich komme gerade zurück von einer Fahrt in die Berge. Meine Vermieterin hat mich eingeladen, sie in ihrem Haus zu besuchen. Es war eine atemberaubende Fahrt und ich habe natürlich nicht den direkten Weg gefunden und bin eine Stunde zu spät angekommen. Der Ausblick dort oben mit Blick auf das Meer, ein Traum! Ich wurde mit einer berührenden Herzlichkeit und Wärme von ihrer Familie empfangen und alle sprachen bei einer köstlichen Fideua mit Knoblauchsoße extra für mich Castellano, was ihnen als Katalanen natürlich schwer fiel.

Da es keine Zufälle gibt, war ich ohne es zu ahnen in dem Haus der besten Freundin von Mercè Rodoreda, eine der bedeutendsten katalanischen Schriftstellerinnen, die mich auf meiner Reise die ganze Zeit begleitet hat. Sie selbst hat die letzten Jahre in dem Haus nebenan gewohnt und im Dorfeingang steht eine Büste von ihr. Sie hat das wundervoll poetische Buch „Der Garten über dem Meer" geschrieben.

In dem Buch, das im Spanien der 20er-Jahre spielt, beobachtet ein Gärtner eines Herrenhauses über dem Meer das Kommen und Gehen der jungen Besitzer. Das Buch ist in einer wunderbaren einfachen Sprache geschrieben und zeugt von einer großen Sensibilität der Autorin. Zwischen jeder Zeile wird ihre Liebe zur katalanischen Heimat und dem geschriebenen Wort deutlich. Sie sagt: *„Gut schreiben kostet Mühe. Unter gut schreiben verstehe ich, die wesentlichen Dinge so einfach wie möglich zu sagen."*

Nach diesem sehr bewegenden Tag gehe ich noch auf einen Spaziergang zur Kathedrale und meiner kleinen heiligen Grotte. Zu dieser Grotte hat es mich immer wieder mehrmals in der Woche hingezogen, da dort eine besonders hohe Energie herrscht. In der Grotte sind eher kitschige Statuen von Jesus und Maria geschmückt mit vielen Plastikblumen. Wenn man sich vor die Grotte stellt, die Augen schließt und betet, fällt man direkt nach vorne. Es muss dort eine hohe magnetische Strahlung sein. Anderen erging das hier genauso, es war also keine Erscheinung. Trotzdem ist es ein besonderer Ort und an einem Morgen wurde ich sogar Zeuge der katalanischen Spiritualität. Mehrere Omas waren hier in trauter Gemeinschaft versammelt. Sie haben mir einen klapprigen Stuhl zurecht gerückt, um mich herum geputzt und gewienert, während sie den Rosenkranz beteten.

Nun sitze ich mit meinem Notizbuch in der Abendsonne in den Gärten der Deutschen (Jardins dels Alemanys). Mich hat eine Bank magisch angezogen, sie steht sehr abgelegen hinter einem Busch.

Vor mir rechts ragt die Kathedrale hinter Bäumen hervor, links geht es zur Stadtmauer. Vor mir Mamas Lieblingsblumen in bunter Pracht. Mein Hunger und Kindergeschrei wechseln sich ab. Irgendwer bohrt ein Loch mit Krach und Gestank. Aber ich habe genau hier und jetzt diesen kurzen Moment, in dem ich mich angenommen fühle, so wie ich gerade bin. Einfach hier sitzen auf einer Bank, innen still werden, sodass ich meinen Atem höre. Ich hätte gerne magische, verwunschene Wörter dafür wie große Dichter, aber ich habe nur diesen Moment hier. Wenn die Worte ausgehen, nährt uns der Wind, die Sonne, die Erde und der aufsteigende Atem. Ein. Aus. Ein. Aus.

Als der Moment vorbei ist, hole ich mein Heft aus der Tasche und den Bleistift – weil es das ist, was diesem Moment am meisten entspricht. Und ich schreibe:

Wir sind glücklich, wenn wir aufhören, wer anders sein zu wollen.

Später finde ich die Zeilen von Dostojewski, die mir aus dem Herzen sprechen:

> *Alles ist gut.*
> *Der Mensch ist unglücklich,*
> *weil er nicht weiß, dass er glücklich ist.*
> *Nur deshalb. Das ist alles, alles!*
> *Wer das erkennt,*
> *der wird gleich glücklich sein,*
> *sofort im selben Augenblick.*

Nach der Sichtung vieler Interviews mit Schriftstellern ist mir klar geworden, dass sie nicht in erster Linie schreiben, um Anerkennung zu bekommen. Schreiben ist ihnen vielmehr ein inneres Bedürfnis, eine Notwendigkeit, die sie nicht verdrängen können. Sie schreiben nicht, um geliebt zu werden, sondern um zu lieben.

„Ich schreibe nicht für die Leute, sondern für mich selbst.
Ich schreibe, um zu fühlen, dass ich existiere, um mich zu
sehen, zu erkennen."

Mercè Rodoreda

Schreiben führt uns zu mehr Verständnis zu uns selbst und
schließlich in die Selbstliebe. Jetzt bleibt mir nur noch, Ihnen
diesen Zugang zur Liebe weiterzuempfehlen. Schreiben Sie und
bleiben Sie dran! Das Schreiben kann zwar die Irrungen und
Wirrungen des Lebens nicht anhalten, aber es macht uns bewusster, kreativer und lebendiger.

Mehr nicht. Aber auch nicht weniger.

Formen des Schreibens –

Methoden und Wirkung

Das Tagebuch

Was haben Andy Warhol, Käthe Kollwitz, Che Guevara oder Virginia Woolf gemeinsam? Genau! Sie alle wussten um die heilende Wirkung des Tagebuchschreibens. Wer Tagebuch schreibt, setzt sich mit sich selbst auseinander, er reflektiert sein Handeln, Denken und Fühlen. Forschungen belegen, dass Tagebuch schreiben gesund ist: es aktiviert die Abwehrzellen, senkt den Blutdruck und Puls.

Das Tagebuch war für mich wie meine beste Freundin, die dazu noch verschwiegen war. Ihr vertraute ich meine Angst vor schlechten Schulnoten an, meine Hilflosigkeit, wenn sich meine Eltern stritten und meine, wie ich heute finde, völlig übertriebenen Schwärmereien für Jungen. Ich musste nichts verheimlichen, ich durfte ehrlich sein.

Ich habe meine Tagebücher noch alle und empfinde sie als wahren Schatz. Ich kenne das Mädchen kaum wieder, das ich war, aber es rührt mich sehr. Als meine Nichten klein waren, habe ich sie ihnen abends als Bettlektüre vorgelesen. Mir war das oft peinlich, aber sie waren begeistert und wollten immer mehr. An Schlafen war damit nicht zu denken.

Es gibt einen Tag des Tagebuchs am 12. Juni. Er geht zurück auf den Geburtstag von Anne Frank, die mit 13 Jahren von ihrem Vater ein kleines Notizbuch geschenkt bekommt, das sie als Tagebuch nutzt. Weltberühmt wurde es, weil sie ihre ansonsten ganz normalen Erlebnisse als von den Nazis verfolgte Jüdin in einem Versteck im Amsterdamer Hinterhaus schreibt. Anne starb im Jahr 1945 im Konzentrationslager Bergen-Belsen. So sind Tagebücher natürlich auch immer Zeitdokumente von großem Wert.

Im Deutschen Tagebucharchiv in Emmendingen gibt es zurzeit über 15.000 Zeitzeugnisse von rund 3500 Autoren vom Ende des 18 Jh. bis heute. Es ist eine Sammlung von Erinnerungen und Tagebüchern hauptsächlich unbekannter Autoren, die auf sehr lebendige Weise Geschichte demonstrieren. **www.tagebucharchiv.de**

Berühmte Tagebuch-Projekte in den USA und Dinslaken

In dem Buch Freedom Writers, das auf wahren Begebenheiten beruht, geht die Lehrerin Erin an einer Schule, die für nicht erziehbare Jugendliche ist, neue Wege dank der Einführung eines Tagebuchs im Unterricht. Sie fordert 1994 in Kalifornien Ghetto-Kids auf, Tagebuch zu schreiben. In das Tagebuch sollen sie ihr schlimmstes Erlebnis notieren. Sie überlässt es jedem selbst, ob er ihr die Eintragungen zeigen will oder nicht. Nach anfänglicher Skepsis entwickelt sich dadurch eine enge Beziehung zwischen der Lehrerin und den Schülern. Sie verhilft ihnen mit dem Prinzip „Waffe weglegen und zum Stift greifen" auf den rechten Weg. Das Buch und der gleichnamige Film sind sehr beeindruckend. Das Happy End: Alle machen die Abschlussprüfung und studieren!

Angeleitet durch den Film Freedom Writers startete auch der Schulsozialarbeiter Jörg Knüfken ein Hochschulprojekt im Herbst 2010 in Dinslaken im Ruhrgebiet. Auch er bietet seinen Schülern ein Spiel an: Jeder, der den Film sieht, selbst ein Tagebuch führt und das Tagebuch der Anne Frank liest, lädt er zu einer Tagesfahrt nach Amsterdam ein. Das erste Tagebuch-Thema: Was war dein schlimmstes Erlebnis? Das „Team Zukunft" im Ruhrgebiet wurde auch zu einem berühmten Projekt, an dessen Ende ein Buch stand und ein Film. Knüfken will mit dem Buchtitel „Das Wunder bleibt aus" darauf hinweisen, dass das Schreiben nicht alle Probleme in Luft auflösen kann, sondern nur Perspektiven eröffnen will.

Die Changewriters e. V. (Deine Geschichte, deine Zukunft) sind aus den Freedom Writers der USA und dem Team Zukunft um Jörg Knüfken entstanden. Sie bieten Seminare zum Thema Tagebuch schreiben an. Ihr Ziel ist es, Lehrer und Schüler näher zusammenzubringen und durch das Tagebuchschreiben die Schüler zu mehr Verantwortung, Toleranz und Selbstbewusstsein anzuleiten. www.changewriters.de

Mein Tagebuch-Projekt im Gefängnis

Seit 17 Jahren gebe ich im Gefängnis einmal in der Woche Kommunikationsunterricht. Zu Beginn für Männer und Frauen, seit ca. 8 Jahren ausschließlich für Frauen zwischen 30 und 40 Jahren. Am Anfang habe ich dort all mein schlaues NLP Wissen angebracht, Schulz von Thuns Ohrenmodell erklärt, Gewaltfreie Kommunikation nach Rosenberg gelehrt – und wurde zum großen Teil ausgelacht. Wenn ich ihnen etwas von „innerer Freiheit" erzählte oder sie motivieren wollte, ihr Leben selbst in die Hand zu nehmen, wurde ich für verrückt und naiv erklärt: „Frau Schulte, hier gilt ein anderes Gesetz, Sie wissen gar nichts und gehen gleich wieder schön nach Hause." Natürlich hatten sie Recht.

Dann begann ich mein Buch „Ich lasse los, also bin ich" mit ihnen zu lesen über die Wirkung der Gedanken, den Umgang mit Gefühlen, wie man Ziele erreicht und Visionen erkennt. Auch da wurde gewitzelt, sich gelangweilt und mir zeitweilig nach dem Mund geredet. Irgendwann jedoch beantworteten sie meine Fragen im Buch als „Hausaufgabe" schriftlich. Ich hakte sie ab, wie man das so macht bei Hausaufgaben, doch es hagelte Beschwerden. Sie hätten sich so viel Mühe gegeben und ich solle die Hausaufgaben mit nach Hause nehmen und etwas darunter schreiben. Ich war überrascht, begann unter die Hausaufgaben zu jedem etwas Persönliches zu schreiben und sie nun auf diesem Weg zu motivieren umzudenken. So entwickelte sich in dem halben Jahr, in dem ich einen Kurs begleite, ein Dialog. Sie schrieben immer mehr, aus einer halben Seite wurden plötzlich vier. Ich las ihre offenen Schilderungen und musste das ein oder andere Mal schlucken, Tränen unterdrücken, aber auch herzlich lachen. Die Atmosphäre in der Gruppe wurde nach diesen Schreibaufgaben offener, vertrauter, aufmerksamer. So konnte jemand Gefühle äußern, ohne ausgelacht zu werden, was sehr ungewöhnlich ist. Es folgten kleine Wunder, die sie mir stolz erzählten: der Sohn hatte sich nach Jahren wieder gemeldet, jemand hatte endlich eine Wohnung, eine andere bekam Ausgang, um ihre Kinder zu sehen. Eine junge Frau, die in einer sehr abhängigen Beziehung war, schrieb auf meinen Rat hin ihrem Freund einen letzten Brief, in dem sie ihm ihre ganze Wut und Enttäuschung über sein Nicht-Erscheinen bei den Besuchen schilderte und mit ihm Schluss machte. Stattdessen schickte sie ihren Eltern eine Einladung zum Besuch.

„Wenn ich etwas sage, verliert es sofort und endgültig die Wichtigkeit;
wenn ich es aufschreibe, verliert es sie auch immer, gewinnt aber manchmal eine neue. "

Franz Kafka

Seit einem Jahr bringe ich ihnen Tagebücher mit und das erste was eine Schülerin tat, war, andächtig über das Buch zu streichen. Es schien mir, als wollte sie es nicht mit ihrer Geschichte beschmutzen. Es war nicht so, dass sie sofort begeistert reinschrieben, ganz im Gegenteil erzählten sie mir nachher, wie albern sie die Idee fanden. Tagebuch schreiben sei doch was für Kinder und Jugendliche. Außerdem wäre es viel zu gefährlich, sich alles von der Seele zu schreiben, schließlich könnten die Beamten es lesen. Erstaunlicherweise bekam ich innerhalb von 2 Monaten, zugegeben in großen Abständen, von allen ihr Tagebuch wieder, mit der Bitte es zu lesen.

„Ich denke, dass heute ein guter Tag ist, um mit einem Tagebuch anzufangen. Heute ist wieder so ein Tag, wo mich all diese Gefühle plagen, wo ich nicht mit umgehen kann. Ich fühle mich von jedem verlassen, vor allem von meiner Familie... "

M.M.

Die wenigsten haben den Mut, im Unterricht etwas über ihre Familie zu erzählen, aber es schien so, dass Aufschreiben etwas anderes ist. Zu Beginn war mir selbst nicht klar, welche tiefen Emotionen das Schreiben bei ihnen hervorruft. Im Schreiben über ihre Vergangenheit wird in Turbogeschwindigkeit jeder Geruch, jede Geste, jeder Gesichtsausdruck, jedes Wort, jede Beleidigung, Erniedrigung, jeder Schlag lebendig. Durch das Schreiben tauchen sie ein, durchleben es und tauchen wieder auf. Es ist, als ob sie ihr Innerstes nach außen kehren und jetzt völlig schutzlos das zeigen, was wie Lava in ihnen brodelt. Das „Vorher" hatte eine dicke Kruste, das „Jetzt" ist frisches, blubbriges (um nicht zu sagen blutiges) flüssiges Etwas, das weh tut. Doch es beginnt, sich im Inneren zu lösen.

Das Schreiben ermöglicht ihnen, ihre Gefühle nicht mehr krampfhaft einzusperren, sondern sie zu befreien. „Freiheit ist frei sein von Ängsten, Sorgen und anderen schmerzhaften Gefühlen", sagt der vietnamesische Zen-Meister Thich Nhat Hanh in „Frei sein, wo immer du bist". Unabhängig von dem Gefängnis, in dem sich die Frauen gerade befinden, können sie sich innerlich von den quälenden Gefühlen und anklagenden Gedanken der Vergangenheit frei schreiben. Schreibend nehmen sie eine andere Perspektive zum Geschehenen ein, fühlen sich nicht länger als hilfloses Opfer und übernehmen Verantwortung.

Viele, die einmal mit dem Schreiben angefangen haben, bleiben dran. Wenn mir ehemalige Schülerinnen auf dem Flur begegnen, zwinkern sie mir zu, so als teilten wir ein Geheimnis: „Frau Schulte, ich schreibe immer noch." Wer weiß, vielleicht kann das Tagebuch zu dem Begleiter werden, den sich diese Frauen immer an der falschen Stelle gesucht haben.

Dankbarkeits-Tagebuch

Der Harvard-Professor Shawn Achor hat 3 Jahre 45 Länder bereist, um herauszufinden, dass wir erfolgreicher und kreativer sind, wenn unser Gehirn in einem positiven Zustand ist. Die meisten Menschen glaubten, dass ihr Glück von ihrem Erfolg abhinge, es sei aber genau umgekehrt: Unser Gehirn braucht einen glücklichen Zustand, um produktiver, kreativer und energiegeladener arbeiten zu können. Um unser Gehirn auf Glück zu programmieren, schlägt er deswegen das Führen eines Dankbarkeits-Tagebuchs vor.

Jeden Abend 3 Dinge aufzuschreiben, für die man dankbar sei, verändere die Gehirnstruktur grundlegend. Es wird von dem negativen Denken an Probleme, die zu lösen sind, hin zu dem programmiert, was bereits positiv vorhanden ist.

Beim Führen des Tagebuchs solle man darauf achten, dass es immer neue Dinge sind, die man aufschreibt. Das Tagebuch solle mindestens 21 Tage geführt werden, damit das Gehirn anders fokussiert wird: vom negativen Problemdenken hin zum positiven Dankbarkeitsdenken. Wer es sich zur Gewohnheit macht, jeden Abend etwas Schönes schriftlich zu bewahren, der wird auch am nächsten Tag viel aufmerksamer und bewusster darauf achten, was das Leben an Geschenken bereit hält.

Wunsch-Tagebuch

Wenn Sie sich nur 5 Minuten am Tag Notizen über Ihre Wünsche, Ziele, Träume und Visionen machen, aktivieren Sie alle bewussten und unbewussten Kräfte, um sie wahr werden zu lassen. Ich habe ein Wunschtagebuch entwickelt, das Menschen gezielt darin unterstützt, Ihre Wünsche jeden Tag zu formulieren, aber auch hinderliche Glaubenssätze herauszufinden und loszulassen. Zudem lernen Sie umzudenken vom Problem über einen Wunsch zum Ziel. Probleme ziehen im Außen nur noch mehr Probleme an, wer sich aber auf die Wünsche fokussiert, fühlt sich hoffnungsfroh und glücklich. Und diese Gefühle setzen Kräfte in uns frei, die das Erwünschte im Außen anziehen. Alles, was wir auf dem Papier ausprobieren, hat gute Chancen wahr zu werden. Allein durch den Akt des Schreibens verankern sich unsere Wünsche fest im Gehirn. Wir nutzen nicht nur den visuellen Sinn, sondern auch den kinästhetischen. Unser Gehirn richtet sich immer mehr danach, was wir uns wünschen. Wichtig ist das regelmäßige Schreiben. Deswegen sollte das Buch immer griffbereit auf dem Nachttisch liegen.

Wir verordnen dem Leben keinen Plan, wie es zu sein hat, wir öffnen uns den Wundern in uns. Wir verzagen nicht, wenn sich Wünsche nicht realisieren, wir wissen, dass etwas noch Besseres geschieht.

Geburts-Tagebuch

Führen Sie nach der Geburt Ihres Kindes ein Tagebuch, in dem Sie genau festhalten, wie groß das Kind ist, wie schwer, wann es das erste Zähnchen bekommt, wann es das erste Wort spricht und welches das ist. Sie haben damit ein einmaliges Dokument, über das sich Ihr Kind später sehr freuen wird.

Traumtagebuch

Beim Traumtagebuch geht es darum, systematisch und regelmäßig seine Träume aufzuschreiben. Am besten tun Sie das direkt, wenn Sie aufwachen oder noch besser, wenn Sie nachts aufwachen. Wir träumen immer, wir erinnern uns nur nicht immer. Die Deutung der Träume ist mitunter schwer, weil sie eine Bildersprache benutzen. Es gibt zahlreiche Fachliteratur dazu, die bei der Deutung der Bilder helfen kann.

Träume können wir nicht kontrollieren, aber wir können sie beeinflussen und somit das unbewusste Wissen anzapfen. Wenn wir abends eine Frage stellen und diese aufschreiben, geben wir unserem Gehirn eine Aufgabe mit in den Schlaf. Lassen Sie sich überraschen, was morgens in Ihnen aufsteigt. Dafür ist es von Vorteil, nicht direkt aufzustehen und dem Alltagsgeschehen nachzugehen. Bleiben Sie ruhig liegen und lassen Sie Bilder der Träume aufsteigen.

Reisetagebuch

„Ich reise niemals ohne mein Tagebuch. Man sollte immer etwas Aufregendes zu lesen bei sich haben."

Oscar Wilde

Reisen hat etwas Magisches. Reisen ist immer wieder ein Neuanfang und jedem Anfang wohnt tatsächlich „ein Zauber inne" und man sollte „an keinem wie an einer Heimat hängen" (Hermann Hesse). Allein reisen hat etwas Abenteuerliches, denn man ist nur auf sich allein gestellt, lernt dadurch, um Hilfe bei völlig fremden Leuten zu bitten und wird selten enttäuscht. Auf Reisen leben wir bewusster, denn wir müssen all unsere Konzentration auf die neue Umgebung richten. Wir schwimmen nicht im Fahrwasser des Alltäglichen. Wir lernen uns selbst neu kennen und sind stolz auf das, was wir an Herausforderungen meistern.

Jede Reise lässt uns reifen. Ob es die Reisetagebücher von Miguel Delibes sind, Simone de Beauvoirs Erlebnisse aus Amerika, Goethes aus Italien, das Bordbuch von Kolumbus, Tucholskys Pyrenäenbuch oder das Pilgerbuch von Hape Kerkeling „Ich bin dann mal weg", es ist faszinierend, diese Reisen lesend zu verfolgen, so als ob man dabei gewesen wäre. Obwohl im Grunde recht wenig an Handlung passiert, fesselt einen die besondere, weil fremde Stimmung, die sich leise durch die Seiten bewegt.

> *„Wenn man schreiben will, muss man allem begegnen, als wäre es das erste Mal."*
>
> Natalie Goldberg

Trauertagebuch

Als ich vor 7 Jahren auf meiner ersten Pilgerreise war, starb mein Vater, als ich gerade einen Tag auf dem Vía de la Plata unterwegs war. Er hatte schon lange Alzheimer und war bettlägerig, an Tod dachte ich trotzdem nicht. Ein Papa stirbt nicht, er lässt einen nie allein, es ist ja der Papa. So ging ich die zwei Wochen weiter zum Grab des Heiligen Jakobus nach Santiago de Compostela, während meine Familie ihn in Deutschland begrub. Erst später begriff ich, dass ich die Realität damit nicht akzeptieren wollte. Schon immer hatte ich mich lieber davor gedrückt. Auf dieser Reise schrieb ich in ein kleines Buch all meine Gefühle, Gedanken und Erinnerungen. Ich durchlebte so noch einmal viele Szenen meiner Kindheit mit meinem Vater. Zu Hause angekommen, schrieb ich weiter in das Buch. Ohne einen Hintergedanken, dass das Schreiben hilft, denn soweit war ich damals gar nicht. Ich schrieb eher, um Papa am Leben zu erhalten und die Realität zu verdrängen.

> *„Leben, um zu schreiben und schreiben, um leben zu können, beschreibe ich das, was zur Tagebuchliteratur antreibt."*
>
> Connie Palmen

97

Besonders in Zeiten der Trauer durch Tod oder Trennung können Worte heilend wirken. In den stillen Stunden, in denen das Alleinsein unerträglich wird, kann das Schreiben zu einem vertrauten und geliebten Ritual werden, an das man sich hoffnungsvoll klammert. Das Tagebuch bietet eine Kontinuität in einer Welt, die ins Wanken geraten ist. Charlotte Link schreibt überwiegend Krimis, doch als ihre Schwester viel zu früh an Krebs stirbt, hält sie sich regelrecht am Schreiben fest, wie sie in einem Gespräch sagt. Worte seien dringend aus ihr herausgeströmt, bis das Buch „6 Jahre" fertig war. Der französische Philosoph Roland Barthes schreibt nach dem Tod seiner Mutter in seinem Tagebuch der Trauer: „Mein Kummer ist unausdrückbar, aber gleichwohl sagbar. Schon die Tatsache, dass mir die Sprache das Wort unerträglich zur Verfügung stellt, bewirkt unmittelbar ein gewisses Ertragen." Als Connie Palmen, die niederländische Schriftstellerin, ihren geliebten Mann Hans van Mierlo verliert, bekommt sie die Tagebücher von Barthes geschenkt. Sie bezeichnet den Moment, als sie sie liest, als Trost und Hoffnung.

Das laute Vorlesen dieses Tagebuchs ist eine Möglichkeit, seine Gefühle zu verarbeiten. Sie können es sich selbst oder einem lieben Vertrauten vorlesen. Das hat eine enorme Macht, erst bricht Ihre Stimme, dann weinen Sie, doch lesen Sie weiter, bis es einfacher geht.

Affirmations-Tagebuch

Wie schwer es uns manchmal fällt, zu sagen, was wir können und wer wir sind, das kennen wir alle, denke ich. Warum fällt uns das so schwer? Weil wir nicht zu dem stehen, was wir können. Warum stehen wir nicht dazu? Weil wir denken, es nicht zu können. Warum denken wir, dass wir es nicht können? Weil wir gelernt haben, das wir „dumm", „unfähig", „untalentiert", „wertlos" sind. Wie können wir das ändern? Indem wir bewusst Affirmationen wählen, die diese unbewussten einschränkenden Gedankengänge Stück für Stück widerlegen. Affirmationen sind einfache positive Sätze, die unseren hinderlichen unbewussten Gedanken widersprechen und die automatische Gehirnmaschine ganz schön ins Wanken bringen.

Wir dürfen die Gedanken nicht einfach machen lassen, was sie wollen. Sie halten uns von dem ab, was wir sein, leben, fühlen könnten. Wir müssen sie umwandeln, wenn sie gerade wieder dabei sind, Unfug anzurichten.

Wenn ich Ihnen jetzt Affirmationen aufschreibe, die bei mir und vielen meiner Seminarteilnehmern gewirkt haben, so heißt das nicht, dass sie auch für Sie passend sein müssen. Deswegen bitte ich Sie, stimmen Sie Ihre Affirmationen auf Ihr Gedankenkarussell ab. Schreiben Sie zunächst alles auf, was Sie gerade im Moment stört, ärgert oder blockiert. Ungeschönt, unreflektiert, drauflos schreiben!

Was denkt es in Ihnen? Sie können das über ein paar Wochen immer morgens aufschreiben, und dann nach einer Zeit lesen Sie es sich durch und fangen alle negativen Gedanken ab, indem Sie sie auf ein Blatt Papier untereinander schreiben. Das Blatt können Sie hinterher vernichten. Es dient nur dazu, dass Sie Ihre Gedanken erkennen und im zweiten Schritt umformulieren in positive, motivierende Sätze.

Hier zunächst ein Beispiel für typische Gedanken nach einer Trennung:

Ich habe die Chance auf eine glückliche Partnerschaft vermasselt. Ich habe versagt. Die anderen haben alle eine glückliche Partnerschaft, die machen es richtig. Ich habe alles falsch gemacht. Ich habe mein Glück verspielt und zwar für immer. Es gibt niemand anderen, mit dem ich glücklich werden kann. Ich bin selbst schuld. Ich habe nicht die richtige Ausstrahlung, das Alter oder die Figur, um einen neuen Partner anzuziehen. Wenn ich so weiter mache, bleibe ich allein und vereinsame.

Gedanken werden wahr. Deswegen basteln wir jetzt daraus Affirmationen, die Ihrem Leben eine neue Richtung ermöglichen:

Ich bin (von diesem Partner) verschont geblieben. In drei Jahren bin ich froh, dadurch jemand anderen kennen gelernt zu haben, der besser zu mir passt.
Ich freue mich darauf, dass der passende Partner bereits auf dem Weg zu mir ist.
Ich habe alles richtig gemacht.
Ich bin frei.
Ich liebe mich.
Ich liebe mein Leben.
Alles ist gut in meinen Beziehungen.
Die Liebe lenkt meine Beziehungen.
Ich entscheide mich dafür, Veränderungen anzugehen.
Ich erwarte heute nur Gutes.

Schreiben Sie die Affirmationen jeden Morgen in Ihr Affirmations-Tagebuch. Durch das Schreiben verfestigen sich die Affirmationen in Ihrem Unterbewusstsein. Sie können sie sich während des Tages immer mal wieder laut vorlesen. Je öfter, desto besser. Bedenken Sie, dass Sie am Tag bis zu 60.000 Gedanken denken, es braucht also viel Wiederholung der Affirmationen.

Eine Affirmation wäre auch: Ich bin Schriftstellerin. Hier in Spanien fällt es mir erstaunlich leicht, zu sagen, dass ich Schriftstellerin bin, weil das Wort anders ist als im Deutschen: „Soy escritora". Das geht mir gut von den Lippen. Das Witzige ist, ich habe mir am Anfang ein paar Sätze dazu auf Spanisch aufgeschrieben, zu welchen Themen ich schreibe, was ich daran mag, über meine Blogs, sodass ich diese Sätze völlig fließend sprechen kann. Sie wurden natürlich oft abgefragt und so standen die Kellner in den Cafés immer vor mir und starrten mich an, bis sie bewundernd sagten: „Hola guapa, pero hablas muy bien el español, eh?" (Hey Hübsche, du sprichst aber sehr gut Spanisch, was?) Dann lächle ich auf Spanisch und fühle mich großartig. Na ja, gekonnt ist gekonnt, würde ich sagen. Zu sehr durften sie mit mir aber nicht in weitere Themen eindringen.

Journaling

Journaling ist ein neuer Trend des Tagebuchschreibens. Hier macht man sich gezielt Dinge bewusst, die sonst eher unbewusst und ungenutzt in unserem Kopf dahinschlummern. Einmal die Woche führen wir das Journaling, dafür nehmen wir uns dann etwas mehr Zeit. Es funktioniert so wie das freie Schreiben, hier wird es Braindrop, das Ausschütten des Gehirns, genannt. Man schreibt ohne Punkt und Komma für eine gewisse Zeit alles auf, was einem in den Kopf kommt.

Jetzt kommt der interessante Unterschied: Man liest es später noch einmal und zwar sortiert man nun die einzelnen Gedanken, um sie systematisch anzugehen.
Sortiermöglichkeiten sind Vergangenheit, Zukunft, Jetzt.
Danach noch einmal sortieren, wann die Dinge zu erledigen sind: jetzt sofort also im Sinne einer To-Do-Liste, morgen, über-

morgen, später oder nächstes Jahr.

Weiter sortieren wir die Gedanken über andere Personen und zu klärende Konflikte.

Mit dem Journaling nehmen wir unser Leben in die Hand, wir kreisen nicht nur um uns selbst, sondern hier gilt die Devise: Handeln, Klären und Loslassen.

Die Vorteile des Journaling sind:

- *Wir erleben durch das bewusste Analysieren unserer Gedanken, wie wir bisher unsere Zukunft Gedanke für Gedanke erschaffen haben.*
- *Wir schenken jedem einzelnen Gedanken die Aufmerksamkeit, die er braucht, um entweder erledigt, losgelassen oder umgestaltet zu werden.*
- *Wir filtern unsere Wünsche und Sehnsüchte heraus und gehen sie direkt an.*
- *Nach einem Jahr hat man ein interessantes Dokument darüber, welche Veränderungen eingetreten sind.*

Zusätzlich können wir noch eine Jahresanalyse machen, in der wir Stolpersteine, gelernte Lektionen oder Wünsche festhalten.

Bullet Journal

Das Bullet Journal, von den Fans liebevoll Bujo genannt, wurde in jahrelanger Arbeit von Ryder Carroll entwickelt. Hierbei geht es um ein selbst gestaltetes System aus persönlichem Tagebuch, Kalender und Notizbuch. Das Wort Bullet steht für die Zeichen, die als Legende benutzt werden, um Dinge abzuhaken, die erledigt sind, eine besondere Wichtigkeit haben oder noch anstehen.

Wir gestalten jeden Monat, jede Woche und jeden Tag selbst. Wir haben die Möglichkeit unser Bujo immer wieder neu zu bemalen, etwas zu ergänzen, umzustellen und zu optimieren.

Wir können To-Do-Listen einfügen, Ziele, gute Vorsätze, Geburtstagslisten für den Monat usw.

Der Vorteil ist die Individualität, die eigene Gestaltung und damit die ausgelebte Kreativität. Es macht unglaublich viel Freude, ein fertiges Bullet Journal in den Händen zu halten. Vorher war es nur ein einfaches Notizbuch und hinterher ist es ein lieb gewordenes Dokument mit ganz persönlichen Erinnerungen und kreativen Ideen.

Schauen Sie im Internet nach Videos von Personen, die das Bullet Journal ganz genau erklären und zahlreiche Tipps zur individuellen Gestaltung weitergeben. Das Prinzip von Ryder Carroll können Sie nachlesen unter:
www.rydercarroll.com, http://bulletjournal.com.

Mein Bullet Journal

Das Führen meines Bullet Journals baue ich in meine Morgen-Rituale ein. In mein Bullet Journal schreibe ich detailliert auf, was ich an dem Tag schreiben möchte, welches Kapitel oder Thema oder wozu ich noch recherchieren will. Auch schreibe ich mir die Uhrzeiten auf, wann ich arbeiten will. Das ist für mich sehr wichtig, da ich freiberuflich tätig bin und das ein hohes Maß an Disziplin erfordert.

Für mich bietet das Bullet Journal Hilfe, um meinen Tag zu strukturieren und diesen Stunden genau die Aufgaben zuzuordnen. Wenn ich im Büro bin, habe ich den Plan auf meinem Schreibtisch liegen, sodass ich mich daran orientieren kann. Das Bullet Journal ist wie ein Versprechen, ein Abkommen mit mir selbst, das ich mich verpflichte einzuhalten. Natürlich klappt das nicht immer, aber selbst wenn drei Zeiteinheiten eingehalten werden, schaffe ich schon eine Menge. Ohne dieses Bullet Journal ist mein Tag vorbei, bevor ich ihn angefangen habe und ich habe am Abend ein schlechtes Gewissen, nichts getan zu haben.

Morgenseiten nach J. Cameron

Julia Cameron hat mit ihrem Bestseller „Der Weg des Künstlers – Ein spiritueller Pfad zur Aktivierung unserer Kreativität" einen Nerv der Zeit getroffen. Der ungebrochene Erfolg des Buches beweist, dass es viele Künstler unter uns gibt und solche, die ihre künstlerische Seite intensiver leben wollen. Das Buch ist nach einem 12-Wochen-Plan aufgebaut, um die Kreativität freizusetzen, die für sie untrennbar mit Spiritualität verbunden ist. Zu einer ihrer Grundtechniken gehören die Morgenseiten.

Die Morgenseiten schrieb Cameron zum ersten Mal, als sie sich ziemlich verzweifelt in ein kleines Lehmhaus in New Mexiko zurückgezogen hatte, um ihr Herz zu kurieren, wie sie sagt. Irgendwann setzte sie sich morgens an ihren kleinen Küchentisch und fing an zu schreiben. Und sie blieb ihr ganzes Leben dabei. Mittlerweile hält sie seit über 35 Jahren Vorträge, Seminare und schreibt Bücher über Kreativität.

Bei den Morgenseiten handelt es sich einfach erklärt um das morgendliche Schreiben von drei Seiten, bei dem Sie „streng dem Bewusstseinsstrom folgen". Morgens sind wir noch im Übergang vom Schlaf- zum Wachzustand, wir sind offen, kreativ und frisch, und es ist sehr wahrscheinlich, dass dadurch etwas aufs Papier kommt, das unser Unbewusstes berührt. Cameron selbst nennt es, „sich in die Quelle fallen lassen". Man erwartet nichts und bekommt gerade dadurch viel geschenkt.

Sie beginnen die beste Stunde des Tages direkt mit dem, was Sie lieben. Sie schreiben die Morgenseiten mit der Hand in ein eigens dafür vorgesehenes Heft oder Ringbuch. Schreiben Sie alles auf, was Ihr Gehirn gerade ausspuckt, auch, dass Sie die Seiten Quatsch finden oder keine Lust haben oder gleich noch Butter für den Kuchen einkaufen müssen und der Hund zum Tierarzt muss. Unschwer zu erkennen, handelt es sich dabei nicht um Literatur, sondern um eine „Gehirnentleerung". Sie legen mit dem Schreiben das frei, was Ihrer eigentlichen Kreativität im Weg steht: einschränkende Gedankenmuster, Gefühle wie Frust oder Angst, Blockaden oder Schuldzuweisungen jeder Art. Sie können sich hier frei entfalten, denn diese Morgenseiten sind für keine fremden Augen bestimmt. Also verschließen Sie das Buch oder legen Sie es an einen sicheren Ort.

Viele Bücher sind schon aus diesen Morgenseiten entstanden, weil sich plötzlich eine Geschichte aufdrängte, die unbedingt niedergeschrieben werden musste.

Was machen Sie danach mit den vollgeschriebenen Heften? Erstmal lassen Sie sie liegen, doch irgendwann können Sie die Texte durchgehen. Betrachten Sie Ihre Morgenseiten wie ein Fremder und unterstreichen Sie auffallende Gedanken. Wie lebt ein Mensch, der so denkt? Ist er gesund? Hat er Freunde? Was würden Sie ihm raten? Welche Gedanken würden ihm gut tun? Es kann mitunter sehr anstrengend sein, die Notizhefte durchzusehen auf der Suche nach sinnvollen Inhalten. Doch auch wenn ein Heft nur eine Seite interessante und bemerkenswerte Sätze enthält – immerhin ...

Morgenseiten nach D. Brande

Ganz neu ist die Idee zu den morgendlichen Schreibseiten nicht gewesen. 1934 erschien die amerikanische Originalausgabe des Schreib-Klassikers von Dorothea Brande: Schriftsteller werden. Dort beschreibt sie die Methode, um den schreibenden Körper zu trainieren. Man solle morgens eine halbe oder ganze Stunde früher aufstehen, sich nicht vorher unterhalten, keine Zeitung lesen, sondern nur schreiben.

Man solle alles aufschreiben, was einem in den Kopf kommt, was man geträumt hat oder ein Gespräch, real oder fiktiv, eine Befragung des Gewissens zu einer Angelegenheit. Man solle zügig schreiben und ohne den Inhalt zu bewerten. So könne der innere Kritiker unseren Schreibfluss nicht stoppen. Bei Brande gibt es keine Seiten-Begrenzung, man hört auf, wenn der Impuls dazu da ist. Brande empfiehlt, das Geschriebene erst viel später, wenn überhaupt, zu lesen. Wichtig an den Morgenseiten ist, dass sie uns ins regelmäßige Schreiben führen. Das Schreiben bekommt eine Routine und es wird völlig normal, jeden Tag zu schreiben.

Ein Buch mit 365 Seiten kann in einem Jahr geschrieben werden, wenn man jeden Tag eine Seite schreibt!

Das Schöne an den Morgenseiten ist, dass jeder angeleitet wird, zu schreiben. Fangen Sie einfach an! Sie müssen nicht in der richtigen Stimmung sein, um zu schreiben, denn Sie kommen von allein in die richtige Stimmung. Für viele sind die Morgenseiten ihre Ersatz-Meditation, bei der sie eine Verbindung zu sich selbst und Gott aufbauen.

Keine Jammer-Seiten!

Die Morgenseiten werden von vielen Blogs und Foren lobend erwähnt, sie erscheinen in Büchern zum Thema Schreiben. Wichtig ist allerdings zu wissen, dass Cameron selbst eine unglaublich disziplinierte Schreiberin ist, sie hat alleine drei Musicals, unzählige Drehbücher, Gedichte und Romane geschrieben. Sie geht mir zu selbstverständlich davon aus, dass jeder, der die Morgenseiten schreibt, auch ins Handeln kommt und sie so zu „weitreichenden Veränderungen" führen.

Wenn man die Morgenseiten als eine Form des schreibenden Jammer-Ichs benutzt, kreist man jeden Morgen um sich selbst und es wird sich gar nichts verändern, schon gar nicht grundlegend. Man bleibt in seinem Elend sitzen, dieses Mal nur schreibend. Es kann sogar passieren, dass man sich schreibend noch mehr in Selbsthass, -zweifel, -kritik und Unzufriedenheit vergräbt.

In der Tat ist das Handeln aus einem bewussten Erkennen heraus für viele Menschen so Angst-besetzt, dass sie hier begleitende Hilfe bräuchten, die zu nehmen sich niemand scheuen sollte.

Lesen Sie hierzu auch die Methode des Journaling, denn das ist eine ideale Ergänzung zu den Morgenseiten!

Damit möchte ich allerdings nicht den Eindruck erwecken, dass Cameron etwas nicht bedacht hat, ganz im Gegenteil! Es ist nur so, dass jeder von jedem abschreibt und dabei der Originaltext von Cameron um eine wichtige Information gekürzt wird. Die Morgenseiten gelten in dem 12-Wochen-Programm als EINE Grundtechnik von ZWEIEN. Die eine ist nichts ohne die andere. Ohne die zweite Grundtechnik, die Künstlertreffs, kann das morgendliche Schreiben lediglich zu etwas werden, das den Stress des Alltags hin- und herbalanciert. Grundlegende Verbesserungen brauchen mehr Einsatz und die Bereitschaft, wirklich etwas verändern zu wollen, also anders zu handeln als üblich.

Die zwei Schritte dieses Prozesses wirken in zwei Richtungen: die Morgenseiten **senden** und der Künstlertreff **empfängt**. Das heißt, die Morgenseiten „senden" unsere Gedanken, Bedürfnisse und Probleme. Der Künstlertreff empfängt und nährt unsere Künstler-Seele.

Wenn wir einmal in der Woche zwei Stunden unseren innewohnenden Künstler nähren wollen, können wir z.B. einen interessanten Vortrag hören, an einem Mal-Seminar teilnehmen, eine Lesung oder ein Konzert besuchen, in die Oper oder ins Theater gehen oder auf ein Konzert. Der Sinn des Künstlertreffs ist, sich die Zeit zu nehmen, selbst Kunst zu empfangen, sich in der Energie der Kunst zu bewegen und vor allem, jede Woche raus zu gehen und etwas zu erleben, das unsere Künstler-Seele erfüllt. Die Künstlertreffs sind entscheidend dafür verantwortlich, um die Kunst an sich wertzuschätzen und die eigene Kunstfähigkeit ernst zu nehmen. Künstler haben eine Verpflichtung der Kunst gegenüber. Wir alle können Kunst unterstützen, teilen, fördern und verbreiten und damit unsere Künstler-Seele bejahen und lieben lernen.

Miracle Morning

„Miracle Morning" nennt Hal Elrod seinen ganz individuell erprobten Wunder-Morgen, den er durch die Rituale vieler Berühmtheiten für sich selbst zusammengestellt hat. Hal ist ein junger Mann, der durch einen furchtbaren Unfall ins Koma fiel und für 6 Minuten klinisch tot war. Er lernte wieder zu gehen, wurde ein erfolgreicher Coach, schrieb einen Bestseller, bei dem sein Verleger mit dem gesamten Geld durchbrannte und fing wieder von vorne an. Er arbeitete sich als Coach hoch, doch die Finanzkrise in Amerika ließ ihn wieder scheitern. Er stand da mit einem Haufen Schulden und war am Tiefpunkt angelangt. Irgendwann begann er mit seinem „Miracle Morning", den ich auch Ihnen ans Herz legen möchte. Seitdem ist sein Erfolg dauerhaft.

Lesen Sie das Buch Miracle Morning und schauen Sie sich auf YouTube Hal Elrod live an! Im Anschluss suchen Sie nach Berichten von Menschen, die den Miracle Morning seit mehreren Monaten oder länger machen. Alle, die ihn einmal gemacht haben, sind begeistert von der enormen Wirkung auf ihr Leben.

Ich selbst mache seit einem halben Jahr angelehnt an den Miracle Morning eigene erprobte Rituale und ich verspreche Ihnen, Sie stehen vielleicht mal später auf oder verpassen einen Tag am Wochenende, aber Sie werden garantiert nicht einen Morgen erleben, an dem Sie ohne die vielleicht etwas kürzeren Rituale das Haus verlassen!

Wichtig ist definitiv das frühe Aufstehen. Je früher, desto besser. Hal Elrod empfiehlt 5 Uhr, jedoch ist eine Stunde eher als üblich ausreichend. Sein Programm besteht aus Meditation, Affirmationen, Visualisieren, Sport, Schreiben und Lesen.

Autobiographisches Schreiben

In der Autobiographie befasst sich der Autor mit seinem Leben, mit dem, wer er ist und wie er so geworden ist, wie er ist. Er zieht ein Resümee, das sich aus seinen persönlichen Lebenserfahrungen ableitet. Das Leben im Nachhinein schreibend zu erforschen, ist eine sehr intensive Art, es begreifen zu wollen. Wir suchen nach einer Linie, einem Sinn, etwas, das wir der Nachwelt zurücklassen wollen.

> *Geschichten schreiben ist eine Art,*
> *sich das Vergangene vom Halse zu schaffen.*
>
> Johann Wolfgang von Goethe

So hat gerade das biographische Schreiben eine heilende Wirkung auf die Seele, weil es sich mit unserem Leben aussöhnt. Wir lernen, dass alles seinen Sinn hatte, aus jeder noch so schmerzhaften Erfahrung wieder etwas Gutes entstehen kann.

Faszinierend ist an dem biographischen Schreiben, dass wir durch gezielte Fragen und das schriftliche Beantworten wieder zu dem kleinen Kind, der jungen Frau oder dem jungen Mann werden. Wir fühlen uns so wie damals, unsere Eltern werden auf dem Papier wieder lebendig, unsere alten Sehnsüchte und Wünsche, Ängste und Enttäuschungen. Viele verfassen Ihre Autobiographie in Erinnerung für die Nachwelt, die Familie, die Kinder, die wissen wollen, wo ihre Wurzeln sind. Zudem ist diese Form des Schreibens durch die Darstellung der Zeit, in der sich die Geschichte abgespielt hat, ein interessantes Zeitdokument für den Leser.

Kreatives Schreiben

„Schreiben kommt vom Schreiben" und dafür ist in Seminaren zum Kreativen Schreiben eine Menge Platz. Ob in der VHS, in einem Bildungszentrum oder mittlerweile auch an der Universität als Studienfach, Kreatives Schreiben ist beliebt und zieht immer mehr Menschen an.

Das Kreative Schreiben lebt von unseren spontanen Eingebungen beim Schreiben. Man spielt mit der Sprache und lässt sich dabei von Bildern inspirieren, Erlebnissen aus der Kindheit, Tagebüchern oder Träumen. Man wählt Orte wie ein Café, einen Bahnhof, den Zug oder Bus, Waschsalons oder den Wald, um zu schreiben. Es geht beim Kreativen Schreiben häufig um das spontane Fließenlassen von Wörtern, um die eigene Kreativität zu wecken, die in jedem von uns schlummert.

Kreatives Schreiben wird im Marketing empfohlen, um eine Aufgabe oder eine Idee weiter auszubauen. Anstelle eines strategischen Überdenkens oder des direkten Austauschs unter Kollegen, weckt man sein Künstler-Ich, indem man sich entspannt (eine Runde um den Block gehen oder Musik hören) und dann schreibt man die Idee oder Aufgabe in einem Satz in die Mitte eines etwas größeren Blattes. Danach schreibt man alles, was einem dazu einfällt, unzusammenhängend und frei nacheinander um den Satz herum. Später verbindet man die einzelnen Ideen, entdeckt Zusammenhänge und entwickelt daraus Projekte oder Lösungen. Danach wird alles im Team zusammengetragen.

Lutz von Werder veröffentlichte 1993 das erste umfassende Lehrbuch zum Kreativen Schreiben. Es wird von ihm empfohlen, im Tagebuch wie auch im Journal zu bestimmten Themen Gedanken in Haikus zu „gießen" oder in die Gedichtform „Elfchen". Ein Haiku ist ein japanisches Kurzgedicht aus drei Versen. Die erste und dritte Zeile soll aus fünf Silben bestehen, die zweite aus sieben Silben. Beim Elfchen setzt sich das Gedicht aus fünf Versen zusammen mit elf Wörtern. In der ersten Zeile steht ein Wort, in der zweiten stehen zwei Wörter, in der dritten drei Wörter, in der vierten vier und in der letzten nur ein Wort.

Therapeutisches Schreiben

Beim Therapeutischen Schreiben geht es um die in der Therapie eingesetzten Schreibmethoden. Psychosomatische Krankheiten wie Morbus Crohn, Magersucht, Neurodermitis können schriftlich begleitet werden. Gerade psychosomatische Krankheiten verlangen ein Zusammenspiel von Körper, Geist und Seele. So ist es wichtig, den psychischen Ursachen der Krankheit auf den Grund zu gehen. Therapeuten arbeiten mit Tagebüchern oder selbst gestalteten Gedichten oder Erzählungen, um die Denk- und Handlungsmuster des Patienten besser einordnen zu können.

Durch einen Brief an die Krankheit oder an den Teil in uns, der für die Krankheit verantwortlich ist, erhält die Krankheit endlich eine Stimme. Es geht um ein Zusammenspiel der einzelnen Persönlichkeitsanteile, nicht um die Verdammung der Krankheit als etwas, wogegen man ankämpft.

Wenn wir gegen die Krankheit kämpfen, kämpfen wir damit auch gegen einen Teil von uns selbst. Jede Krankheit hat eine Botschaft oder repräsentiert ein verdrängtes Bedürfnis, das endlich wahrgenommen werden will. Es geht um die Versöhnung der Anteile. Beim Schreiben sollte man nicht halt machen vor „wunden Punkten", denn gerade, wenn man etwas schreibt, das Scham hervorruft oder Schrecken, liegt hier der höchste Punkt der Energie. Bleiben Sie dran, schreiben Sie weiter!

„Therapien, bei denen therapeutische Hausaufgaben eingesetzt wurden, waren erfolgreicher als Therapien ohne Hausaufgaben."

Dr. Nikolaos Kazantzis, australischer Psychologe

Bei sogenannten therapeutischen Hausaufgaben kann der Patient neue Verhaltensweisen schriftlich ausprobieren, bevor er sie in die Tat umsetzt. Das macht ihn mutiger und er nimmt sich als Handelnder wahr, nicht als hilfloses Opfer der Krankheit. Schreiben ist immer ein aktiver Prozess, kein passiver.

Das Therapeutische Schreiben bedarf allerdings einer fachlichen Begleitung, da das Aufschreiben von Traumata in der Kindheit Erlebnisse auftauchen lässt, die lange verborgen waren. Außerdem können aus zunächst harmlos erscheinenden Erinnerungen plötzlich ganz andere unbewusste auftauchen, die eingeordnet werden müssen.

Es gibt auch Richtungen, die das Erlebte empfehlen umzuschreiben unter dem Motto: Es ist nie zu spät, eine glückliche Kindheit zu haben. Ich möchte darauf hinweisen, dass jede Art des Umschreibens und Experimentierens mit alten Verletzungen unter angemessener Begleitung erfolgen sollte!

Befassen Sie sich mit dem Seelenschreiben von Clemens Kuby. Er selbst war querschnittsgelähmt und hat sich durch diese Methode wieder ins Leben geschrieben. Hier wird vor allem das Schreiben, kurz bevor man einschläft oder mitten in der Nacht, genutzt, um Antworten auf Fragen zu erhalten, alte Verletzungen zu heilen und sie loszulassen. Clemens Kuby hält zu seiner Methode regelmäßig Seminare und Vorträge.

Automatisches Schreiben

Das Automatische Schreiben dient dem Bewusstwerden verborgener Anteile, Wünsche, Überzeugungen unseres Selbst, um sie bewusst zu machen und zu verarbeiten. Wie der Name schon sagt, wird hierbei automatisch geschrieben, wir lassen die Worte so fließen, wie sie in uns auftauchen.

Das Prinzip des Automatischen Schreibens ist einfach: Entspannen Sie sich mit Musik oder einer kurzen Meditation. Nehmen Sie sich ein bestimmtes Thema oder eine Frage vor und schreiben Sie sie auf. Wenn Sie mögen, schließen Sie Ihre Augen. Schreiben Sie drauflos ohne Punkt und Komma, einfach das, was in Ihnen aufsteigt. Es geht um eine gewisse Schnelligkeit beim Schreiben, damit Sie nicht ins Grübeln kommen und so im Bewussten bleiben. Keine Sorge, es sind so viele bekannte und unbekannte Worte in Ihnen, dass immer etwas kommt. Sie können auch aufschreiben, dass Sie nicht wissen, was Sie schreiben sollen, nur schreiben Sie weiter. Hören Sie erst auf, wenn Sie das Gefühl haben, der Strom ist vorbei. Korrigieren Sie nicht zwischendurch oder löschen Sie auch nichts. Versuchen Sie auch nicht, den Text zu analysieren. Lassen Sie ihn erstmal liegen und lesen Sie ihn später. Das, was wichtig ist, wird sich schon in Ihr Bewusstsein drängen.

Der französische Psychologe Pierre Janet arbeitete mit dieser Methode, indem er seine Patienten vorab in Hypnose oder Trance versetzte.

Forschen Sie zu den Ergebnissen der unter Hypnose stattfindenden Schreibsitzungen. Es ist unglaublich interessant, dass die Patienten zum Teil die Augen geschlossen haben und in einer ganz anderen

Handschrift schreiben. Oder was noch wundersamer ist, es entstehen altertümliche Schriften, Hieroglyphen oder Runen.

Aus dieser Art des Schreibens ist auch das Spirituelle Schreiben oder die Briefe an Verstorbene entstanden. Auch die Morgenseiten von Julia Cameron sind Automatisches Schreiben.

Tipp: Ich persönlich nutze das Automatische Schreiben, wenn ich mittags müde werde. Dann befinde ich mich in einem leichten Dämmerzustand, mein Gehirn arbeitet nicht wie am Morgen bereits auf Hochtouren, sondern will eine Pause. Die nutze ich für das Unbewusste. Es kann sehr spannend sein, blind in ein Heft zu schreiben. Das Erstaunliche dabei ist, dass ich danach vollkommen wach und frisch bin, als ob ich geschlafen hätte. Und wenn ich mir das Geschriebene später anschaue, bin ich überrascht, wie ordentlich ich Zeile für Zeile untereinander geschrieben habe. Kein Wort, kein Buchstabe, der übereinander geschrieben ist trotz geschlossener Augen!

Ergänzen Sie folgende Sätze mit dem, was spontan auftaucht und schreiben Sie, bis der Schreibfluss unterbricht, jedoch nicht mehr als 15 Minuten!
— Manchmal fühle ich mich so ...
— Wenn ich mich endlich so zeigen dürfte, wie ich bin, würde ich ...
— Wenn es etwas gibt, worüber ich nie schreiben würde, dann wäre das ...

Meditatives Schreiben

Wer regelmäßig meditiert, weiß um die beruhigende Wirkung und darum, die Welt von innen heraus zu betrachten. Meditation

115

beruhigt unsere Gedanken, lässt uns geistig zentriert handeln und im Alltag achtsamer sein.

Bei einer Schreib-Meditation wird zunächst mit geschlossenen Augen meditiert, wir achten auf den Atem und lassen Bilder, Gefühle und Szenarien auftauchen. Dabei konzentrieren wir uns ganz auf das Bild oder Gefühl und lassen uns hineinsinken. Dann beginnen wir aus dieser Versenkung heraus zu schreiben.

Mit dem Meditativen Schreiben wollen wir nicht nur an das eigene Unbewusste, sondern an das kollektive Unbewusste rühren. Diese Methode geht davon aus, dass wir alle mit etwas verbunden sind, das uns vereint. Hiermit arbeiten auch Transformierende Therapien, die davon ausgehen, dass sogar vorherige Leben erinnert werden.

Im Anfang war das Wort, und das Wort war bei Gott, und Gott war das Wort. (Joh. 1,1) Im Anfang war Vollkommenheit, aus der wir entstanden sind. Das Wort lebt an der Schnittstelle von Vollkommenheit und unserer Welt, von der Einheit zur Trennung. Das Wort kann uns wieder mit der ursprünglichen Vollkommenheit verbinden.

Zum Meditativen Schreiben gehört auch das Abschreiben von spirituellen und religiösen Texten. Sie können einen spitituellen Text nehmen, der Sie persönlich anspricht. Ich persönlich habe letztes Jahr Teile aus den Evangelien abgeschrieben und einen Teil der Paulusbriefe. Ich fand die Wirkung erstaunlich. Das Wort in der Bibel hat die Macht, unser Inneres mit Liebe aufzutanken, gelassener zu sein, sich geliebt zu fühlen, Hoffnung zu haben und Frieden zu schließen mit allem, was ist. Probieren Sie es aus, jeden Tag reichen 10-20 Minuten. Am besten machen Sie das morgens, damit sich die Wirkung auf Ihren Tag positiv auswirken kann.

Das Handlettering ist in letzter Zeit zum Trend geworden. Auch hierbei handelt es sich um eine Art Meditation. Während wir die Buchstaben aufzeichnen, lassen wir die Gedanken ziehen und bleiben im jetzigen Augenblick. Hier geht es nicht um die Inhalte des Schreibens, sondern um den Akt des Schreibens an sich. Sie können dabei Ihre eigenen Karten, Einladungen oder motivierende Zitate für den Schreibtisch gestalten.

Poesietherapie

Die heilende Wirkung eines berührenden Gedichts, einer Geschichte, Erzählung oder einer Autobiographie macht sich die Poesietherapie zu Nutze. In Deutschland durch die Psychologen Hilarion Petzold und Ilse Orth eingeführt, wird seit den 70er-Jahren Schreiben und Lesen als therapeutische Intervention genutzt. Therapeuten unterstützen ihre Klienten dabei, eigene Texte zu verfassen und inspirierende, motivierende Texte zu lesen.

Die Texte der Patienten sollen ein Ventil sein für ihre Gefühle und Gedanken, die sie oft unbewusst blockieren. Man schreibt zum Beispiel über Erlebnisse, die einen verstört haben, Probleme, Konflikte, Ängste, körperliche Beschwerden oder tiefe Sehnsüchte, die man sich bisher nicht eingestanden hat. Wichtig ist die Ehrlichkeit bei den Texten. Im Ausdrücken dieser Dinge lernt man sich besser kennen, kann Probleme einordnen und neue Handlungsmuster erproben.

Die Poesietherapie hat trotz ihrer Einfachheit eine umfassende Wirkung. Durch das Schreiben werden beide Gehirnhälften aktiviert. Wie schon erwähnt, steht die linke Gehirnhälfte für unsere Gedanken, Sprache und Ordnung und für das Bewusste und die rechte für das Emotionale, Spontane und Kreative und das Unbewusste. Schreiben ist so immer auch eine Reise ins Unbewusste, das lange verschüttete Gefühle und Gedanken in den Heilungsprozess mit einbezieht.

Eingesetzt wird die Therapie zum Erlernen neuer Handlungsmuster, zur Entwicklung der eigenen Persönlichkeit, als unterstützende Methode bei psychosomatischen Krankheiten wie Burnout und der Verarbeitung von Traumata.

Die Übergänge von Kreativem und Therapeutischem Schreiben sind in der Poesietherapie fließend, oft werden in einer Sitzung mehrere Methoden aus allen Bereichen genutzt.

Expressives Schreiben

Das Expressive Schreiben geht auf eine sehr erfolgreiche Therapieform der 80er-Jahre zurück, die von James Pennebaker entwickelt wurde, einem Psychologen der University of Texas. Die Klienten schreiben 15 Minuten lang über ein Erlebnis, das sie belastet hat. Sie schreiben auf, was genau passiert ist und wie sie sich dabei gefühlt haben, wobei es wichtig ist, das innere Erleben an das äußere anzupassen. Es geht nicht darum, sich selbst und andere übermäßig zu analysieren, sondern schlicht und ergreifend um die Darstellung des Erlebnisses und den Gefühlen dabei. Diese Übung wiederholen sie an drei bis fünf aufeinander folgenden Tagen.

Dabei sollte darauf geachtet werden, dass das Schreiben an einem Ort stattfindet, an dem sich die Schreibenden geborgen und wohl fühlen, denn das trägt mit zur Heilung bei. Wie bereits erwähnt, erhalten negative Erlebnisse allein durch die „Öffnung" in einer vertrauten, schönen und heilsamen Umgebung die Chance, anders abgespeichert zu werden.

Für das Erlebte Worte zu finden und am besten eine zusammenhängende Geschichte daraus zu machen, setzt die Heilung in Gang. Das Leben aus seinen Erinnerungen heraus kann eingeordnet werden und erhält so in einem Gesamtzusammenhang einen Sinn. Wichtig ist, nicht gleich mehrere Erlebnisse hintereinander bearbeiten zu wollen, sondern zwischen ihnen Zeit zu lassen (eine Woche oder einen Monat). Wenn die Gefühle zu stark werden, holen Sie sich Hilfe und hören Sie erst einmal auf.

Schreiben setzt immer einen Prozess in Kraft, der intensive Gefühle hervorlockt. Um etwas Abstand zum Geschehen zu gewinnen, kann es helfen, in der dritten Person zu schreiben oder aus der Position eines neutralen Beobachters.

Die Ergebnisse sind faszinierend. Denn auch wenn die Klienten zunächst sehr verletzlich waren und zum Teil weinend zusammengebrochen sind, so waren sie in den folgenden Tagen deutlich gelöster, fröhlicher und körperlich robuster. Es konnten Verbesserungen des Immunsystems, des Blutdrucks und einer verbesserten Lungen- und Leberfunktion festgestellt werden. Psychisch konnte eine bessere Schulleistung, die Abnahme depressiver Verstimmungen, eine bessere Konzentration, eine vermehrte soziale Integration und ein größeres Wohlbefinden festgehalten werden.

Wer an Prüfungsangst leidet, nehme sich vor der Prüfung nicht noch einmal das Lernheft vor, denn das wirkt kontraproduktiv. Das Gehirn wird kurz vor der Prüfung auf „einspeisen" von Informationen programmiert, nicht auf das „Ausspucken". Nehmen Sie stattdessen ein leeres Blatt Papier und einen Bleistift und schreiben Sie sich Ihre

Ängste von der Seele. Hier darf alles hin, was normalerweise verborgen werden soll. Ergebnisse zeigen: die Probanden waren nicht nur deutlich entspannter in der Prüfung, sie schnitten auch gut ab.

Sich in aller Ruhe schriftlich seinen Gefühlen zu stellen, wirkt entlastend und das Erlebte verliert durch das Aufschreiben an mehreren Tagen hintereinander seinen Schrecken. Das hilft einigen Menschen ebenfalls endlich darüber zu reden und vielleicht sogar eine Gruppe mit Menschen zu gründen, die ähnliches erlebt haben.

Achtung! Bei schwerwiegenden Erlebnissen und Traumata holen Sie sich bitte Unterstützung. Das Schreiben ist kein Ersatz für eine Therapie.

Freewriting

Freewriting, das Freie Schreiben, ist dem Automatischen Schreiben ähnlich. Es ist eine Methode des Schreibforschers Peter Elbow, dem es um eine Form des inneren Gesprächs geht. Auch hier steht die Bewusstmachung von Gedanken und Vorstellungen im Vordergrund mit dem Ziel, seiner eigenen Kreativität wieder einen neuen Schub zu verleihen.

> *Man soll seinem Gefühl folgen und den ersten Eindruck, den eine Sache auf uns macht, zu Wort bringen.*
>
> Georg Christoph Lichtenberg (Sudelbücher)

Wichtig bei dieser Methode ist es, dass der Fluss des Schreibens nicht unterbrochen wird. Wir schreiben 10-15 Minuten frei, was in uns aufsteigt, ohne den Stift abzusetzen. Wissen Sie nichts mehr zu schreiben, schreiben Sie ganz einfach: „Ich weiß nicht mehr weiter...", danach kann es meistens wieder fließen. Auch hier gilt: Nicht durchstreichen oder korrigieren, der Text ist nur für Sie bestimmt. Warum ist das so wichtig? Weil Sie bei Korrekturen den Schreibfluss stoppen und Sie Ihre Kreativität damit ständig selbst unterbrechen. Das Freewriting eignet sich besonders gut, um den Einstieg ins Schreiben zu finden.

Wenn ich z.B. keine Ideen habe zu einem Thema, das ich auf meinem Blog „Meine Schreibbar" behandeln will, setze ich mich hin und schreibe drauflos. Zunächst erscheinen wirre Gedankengänge und Wiederholungen, doch dann zeichnet sich eine Richtung ab, die ich nach dem Einschreiben wunderbar frei verfolgen kann. Es ist spannend, wohin mich die Worte führen.

Wenn Sie einen Blog starten, benutzen Sie das Freewriting, um sich über Ihre Motivation, Ziele, Methoden oder Hintergründe klar zu werden. Stellen Sie sich die Frage: Warum wollen Sie einen Blog erstellen? Und dann legen Sie los. Schreiben Sie 10-15 Minuten das auf, was auftaucht. Setzen Sie den Stift nicht ab! Immer weiterschreiben! Sie werden dabei nicht nur auf Ihre Werte stoßen, sondern auch auf gute Argumente für Ihr Marketing.

Erotisches Schreiben

Das Erotische Schreiben findet sich in jeder Gattung des Schreibens. Meistens sind es Romane, Fantasies oder Thriller, die voller Leidenschaft und Sehnsucht sind. Sexualität und Schreiben zusammen kann zu einem Feuerwerk der Kreativität führen. Ein liebevoller Brief, eine zärtliche Geschichte, ein fantastischer Traum, all das kann stimulierend auf ein sinnlich erotisches Erlebnis wirken.

Erotisch schreiben heißt, sich mit Worten in Andeutungen zu verlieren, Bilder im Kopf des Lesers zu wecken, die reizen, locken und sinnlich verführen. Wie fühlen Sie sich, was hören Sie, riechen Sie, schmecken Sie und sehen Sie? Erotisch schreiben heißt aber auch, seine eigene erotische Ausstrahlung zu entdecken. Was mögen Sie an sich, was finden Sie erotisch an Ihrem Körper? Wo möchten Sie berührt werden, wo sind Sie besonders empfindlich?

Viel zu lange wurde die Sexualität aus unserem Alltag herausgedrängt und ihr haftet noch heute etwas Dunkles, Verbotenes und Schmutziges an. Wir können uns von falsch verstandener Scham oder Verdammung durch die früheren Generationen frei schreiben. Finden Sie Ihre eigene erotische Sprache, verdrängen Sie diesen wichtigen Teil Ihrer Selbst nicht. Nähern Sie sich Ihren Phantasien und Wünschen schreibend und teilen Sie sie Ihrem Partner bei der richtigen Gelegenheit mit. Sie werden merken, dass es Ihnen durch das vorherige „in Worte fassen" einfacher fällt, darüber mit Ihrem Partner zu sprechen.

Visionäres Schreiben

> *„Wozu die Menschen da sind, wozu der Mensch da ist, soll uns gar nicht kümmern: aber wozu Du da bist, das frage Dich: und wenn Du es nicht erfahren kannst, nun so stecke Dir selber Ziele, hohe und edle Ziele und gehe an ihnen zu Grunde! Ich weiß keinen besseren Lebenszweck als am Großen und Unmöglichen zu Grunde zu gehen: animae magnae prodigus."*
>
> Friedrich Nietzsche

Ich habe nach meiner NLP Ausbildung viele Seminare in Persönlichkeitsentwicklung geleitet. Ich kann Ihnen gar nicht sagen, wie viele Menschen dort saßen und sichtlich daran litten, fremdbestimmt zu sein durch eine Arbeit, die ihnen nichts außer Geld zurückgibt. Äußerlich haben sie alles: Partner, Haus, Kinder, Auto, Urlaub, Ansehen, aber sie bekommen diese Stimme in sich nicht zum Schweigen: „Das ist alles?"

Wenn der Sinn fehlt, warum man etwas tut, dann wird alles Äußere unbedeutend. Ich gebe zusammen mit meiner Malerkollegin im Berghaus im Sauerland regelmäßig Tagesseminare zum Thema Visionen. Der Vormittag ist dem Freiem Schreiben gewidmet, der Nachmittag dem Intuitiven Malen. Hier ist Raum, den eigenen Visionen nachzuspüren und sie künstlerisch darzustellen. Wird von den Teilnehmern eine Vision herausgearbeitet, kommt direkt der Kritiker zu Wort: „Nein, wie soll ich damit denn Geld verdienen? Ich kann doch jetzt nicht meine sichere Stelle aufgeben."

Steve Jobs begab sich jeden Morgen vor den Spiegel und stellte sich folgende Frage: „Wenn ich wüsste, dass das mein letzter Tag wäre, würde ich das tun, was ich heute beabsichtige, zu tun?" Wenn nicht, wusste er, dass er etwas ändern musste.

Die Überwindung der Angst vor Veränderung ist oft der Schlüssel zur Selbstentfaltung. Als ich vor ca. 15 Jahren nach einer Woche Bildungsurlaub, den einzufordern im Verlag schon allein eine Mutprobe war, sah, was eine Ausbildung zur NLP-Trainerin kosten sollte, die mich brennend interessierte, war mein erster Gedanke: „So viel Geld darf ich nicht ausgeben!" Zum Glück wurde mir der Satz dank der gerade absolvierten Ausbildung bewusst und ich meldete mich mit einem Lächeln an. Und damit begann mein Weg in die Unabhängigkeit, in das „Ich darf mich und meine Bedürfnisse wichtig nehmen". Viele gute Bücher später (Dank an Julia Cameron, Barbara Sher und Natalie Goldberg) erkannte ich, dass das, was ich immer für eine Freizeitbeschäftigung gehalten hatte – das Schreiben – das war, wozu ich auf der Welt bin.

Spirituelles Schreiben

Wenn wir mit Gott, Engeln oder Heiligen Kontakt aufnehmen wollen, so werden wir auch eine Antwort bekommen. Wenn wir uns den geistigen Wesen öffnen, haben wir Zugang zu einer großen anderen Welt, die weiser ist als unsere kleine. Wer diesen Zugang erfahren möchte, schreibt einen Brief an Gott, einen Engel oder Heiligen und wartet geduldig, bis Antworten aus seinem Inneren aufsteigen. Das Schreiben ist ein Weg, Antworten auf drängende Fragen oder ein bestimmtes Problem zu erhalten. Achten Sie darauf, dass Sie selbst bei dieser Art des Schreibens zurücktreten, um einer anderen Macht den Vortritt zu lassen. Es geht hier in erster Linie um das zuhören und empfangen.

Ich persönlich trete mit allen möglichen Fragen meines Lebens an Gott heran. Die Antworten verwundern mich immer wieder. Es ist oft nicht das, was ich hören will, aber es passt sehr genau.

> *Schreiben ist eine Form des Gebets.*
> Julia Cameron

Das erste Mal, als ich diese Methode entdeckte, fragte ich ihn, was das alles sollte, dieser Schmerz, dieses Leid und wann bitte schön es sich für mich mal lohnt, ihn als Gott zu haben. Die Antwort: „Wenn du deine Aufgaben erledigt hast", fand ich ziemlich ernüchternd. Als ich ihn in einem weiteren Brief wütend fragte, wie ich es denn anstellen soll, mich zu lieben, wenn alles gerade in meinem Leben schief läuft und einfach nichts so ist, wie ich es will, antwortete er: „Eben! Das kannst du nicht, das kann nur ich." Mit einem Schlag verstand ich, wie unterschiedlich meine Definition von Liebe zu Gottes Liebe ist. Göttliche Liebe ist unabhängig von richtigem Handeln, Alter, Fehlern, Versagen oder Ängsten. Beginnen Sie sofort jetzt damit, Gott Fragen zu stellen, er wird antworten, wenn auch nicht so, wie Sie sich das vorstellen. Beim Spirituellen Schreiben braucht es Muße, um in die richtige Stimmung zu kommen. Am besten ist es, Sie entspannen vorher mit Yoga, einem Spaziergang, einer Meditation oder mit Musik. In dem Zustand der Entspannung liegt sehr viel Liebe und wo Liebe ist, ist auch Gott nicht weit entfernt.

Eine Heilmethode, die ich seit einem Jahr jeden Tag praktiziere, ist der Healing Code von Dr. Alex Loyd. Es ist ein quantenphysikalisches Heilungssystem, das Energiemuster im Körper verändert. In nur 6 Minuten führt man zweimal am Tag eine Folge von Handpositionen am Kopf aus, um ein immer wiederkehrendes Problem, eine Erkrankung oder ein verletzendes Erlebnis auf energetischer Ebene zu heilen. Schauen Sie sich dazu Videos bei YouTube an und lesen Sie das Buch.

Briefe schreiben

Gestern habe ich mir den Film „Verborgene Schönheit" mit Will Smith angesehen. Er spielt darin einen erfolgreichen Werbefachmann, der nach dem Tod seiner Tochter zurückgezogen lebt. Eines Tages setzt er sich an seinen Schreibtisch, holt einen Bogen Papier hervor und schreibt einen Brief an den Tod, die Liebe und die Zeit. Er lässt in diesen Briefen seine ganze Wut und Verbitterung zu über das Schicksal seiner Tochter und sein eigenes. Die Briefe werden zum Ausgangspunkt für seine Heilung. Etwas, das in ihm gestorben war, wird wieder lebendig und sein Leben nimmt eine gute Wendung.

> *Ein Brief ist eine Seele. Er ist ein so treues Abbild der geliebten Stimme, die spricht, dass empfindsame Seelen ihn zu den köstlichsten Schätzen der Liebe zählen.*
>
> Honoré de Balzac

Die schöne Tradition des Briefeschreibens, wie konnte man sie nur aus den Augen verlieren? Wenn meine Mutter sich an den Esszimmertisch setzte, wurde die Wachsdecke abgeräumt, sorgfältig abgewischt und mit der Hand mehrmals darüber gestrichen, um Falten zu vermeiden. Sie brauchte Freiraum für das, was jetzt anstand. Wenn sie auch sonst nicht auf penible Ordnung achtete, hierfür brauchte sie sie. Das Blatt war strahlend weiß und wertvoll. Durch den Krieg wusste sie es zu schätzen, was es heißt ein sauberes unbeschriebenes Blatt Papier nur für sich zu haben. Dann bat sie ihre 5 Kinder um Ruhe. Und es war Ruhe, wenn Mama ihrer Cousine, ihrer Schwägerin oder ihren Brüdern schrieb. Niemand störte, denn das Briefeschreiben umgab einen unsichtbaren, aber spürbaren Schutzraum. Wenn wir jemandem einen Brief schreiben, nutzen wir die Kraft des Wortes, um dem anderen zu begegnen, ihm von uns zu erzählen, wir denken an ihn, wir antworten auf seine Zeilen, kommentieren sie oder ermutigen ihn oder sie.

Nicht abgeschickte Briefe

Was passiert, wenn wir einem Menschen endlich ehrlich das sagen, was wir denken? Die magische Wirkung des Aufschreibens seiner Gedanken und Gefühle ohne Angst davor, dass es jemand liest, kann Kräfte freisetzen, die uns im Alltag blockieren. Wichtig ist, dass wir uns in dem Moment des Briefeschreibens den anderen vorstellen und in eine direkte Kommunikation mit ihm eintreten, obwohl er nicht da ist. Das hilft, alle Punkte, die gesagt werden müssten, aufs Papier zu bringen. In dem Brief ist genügend Platz dafür, was einen nervt oder verletzt hat. Hier ist es erlaubt, zu urteilen und zu bewerten, ungerecht und böse zu sein.

Byron Katie hat mit „The Work" (www.thework.com) eine einfache Methode entwickelt, die aus dem Ausfüllen eines Arbeitsblattes besteht (Fragen zu dem Konflikt mit einer Person) und den vier Fragen, die in die Wahrheit führen: Eine für mich unverzichtbare Hilfe, wenn ich mit jemandem aneinander gerate.

Allein der Akt des Schreibens lässt uns innehalten, wir ent-spannen, beim Schreiben geben wir fast unbemerkt den Kampf gegen den anderen auf und kehren zu uns selbst zurück. Der Brief an jemanden dient plötzlich als ein sich selbst Erkennen. Clemens Brentano beschreibt dieses Phänomen schön in einen Brief an seine Schwester Bettina von Arnim:

„Der Schreiber muß zugleich an sich selber schreiben, denn er selbst muß durch den Brief mit sich bekannt werden, Du sagtest mir ja daß Dir die Welt so unendlich weit vorkomme und Du Dir selber wie verloren darin seist. (...) Dies alles kommt daher, daß Du mit Deinem inneren Menschen noch nicht bekannt bist, Du begreifst Dich noch nicht, aber in den Briefen schaust Du in den Spiegel Deiner Seele, darum thut die tiefste Wahrheit Dir selber gegenüber so noth, um auf keinem Irrthum zu gerathen über Dich selbst. Denn die edle Seele hat eine höchste Bestimmung!"

127

Der Brief macht unsere eigenen Gedanken sichtbar und im Grunde auch unsere tiefen Verletzungen. Während uns die Tränen über die Wangen laufen, schreiben wir weiter. Wir lassen die Worte und mit ihnen die Verletzungen fließen. In dem Moment sind wir bereit, uns der Wahrheit zu öffnen, die meistens in einer Wahrnehmungsveränderung liegt. Wir erkennen unseren eigenen Anteil an den Verletzungen und nehmen unsere eigenen Gefühle und Gedanken wahr, die mitverantwortlich für den Konflikt sind. Das trägt zu einem wichtigen Punkt der Heilung bei, denn die uns befreiende Vergebung ist nun möglich.

Therapeutische Briefe

Viele Psychologen nutzen die Briefform, um sich ein besseres Bild dessen machen zu können, was in ihren Patienten vorgeht. Wie Connie Palmen sagt: „Das Talent zum Schreiben entspringt dem Unvermögen zu sprechen, offenherzig zu sein."

Als Heilpraktikerin für Psychotherapie betreute ich vor vielen Jahren eine Frau, die als kleines Kind über viele Jahre von ihrem Vater missbraucht worden war. Ich war so naiv zu glauben, dass Techniken helfen, um eine Seele zu heilen. Das gab zwar kurzweilig Entlastung, die tiefe Traurigkeit in ihren Augen konnte ich damit jedoch nicht heilen.

Dann fing ich aus meiner eigenen Hilf- und Sprachlosigkeit heraus an, ihr Briefe zu schreiben. Und sie fing an, mir zu antworten. Wir schrieben jeder in ein anderes Heft, die wir bei unseren kurzen Treffen in Seminaren austauschten. Ich las ihren Brief, während sie meinen las. Ich weiß nicht mehr, wie lange das so hin und her ging, ich weiß nur, dass wir beide viel und sehr offen schrieben. Ich hörte auf, ihr helfen und den Schmerz nehmen zu wollen. Vor kurzem habe ich sie wiedergetroffen und sie hat mir dafür gedankt. Ich sei ein Mensch gewesen, keine Therapeutin. Als Therapeutin hatte ich so gut wie alle Ratschläge meines Trainers in den Wind geschlagen. Als Briefe-Schreiberin war ich ihr eine Freundin und bin es heute noch. Aus meiner eigenen Hilflosigkeit heraus, diesen Seelenschmerz durch gesprochene Worte nicht heilen zu können, hatte ich das geschriebene Wort gewählt, was uns beide berührte. Schreiben verband unsere Herzen, die nun gemeinsam die Kraft hatten, das Geschehene anzunehmen.

Briefe an sich selbst

Wenn wir Briefe an uns schreiben, gehen wir einen Dialog mit uns selbst ein, um uns vielleicht über ein Thema klar zu werden, Menschen vergeben zu können oder Wünsche herauszuarbeiten. Zu Beginn ist es etwas schwierig, umzudenken und sich in eine anderen Position hineinzufinden. Etwas einfacher wird es, wenn Sie sich in Ihr älteres Ich hineinversetzen und dann an das junge Ich schreiben.

Dafür machen Sie es sich bequem, zünden vielleicht eine Kerze an, um sich zu besinnen und nehmen sich schönes Schreibpapier und einen Füllfederhalter. Schreiben Sie die Anrede mit Ihrem Namen und dann geht es los. Lassen Sie Ihren Worten freien Lauf. Dabei achten Sie darauf, dass Sie Dinge lobend erwähnen, die Ihnen in der letzten Zeit gut gelungen sind oder die Sie überwunden haben. Schreiben Sie alle Dinge auf, die sich auf keinen Fall ändern sollen in Ihrem Leben, weil sie schön sind, so wie sie sind. Hier ist auch Platz für kritische Betrachtungen, was Sie

129

ändern möchten, worauf Sie beim nächsten Mal besser achten wollen oder womit Sie jemand anderen verletzt haben. Schließen Sie den Brief mit guten Wünschen und aufmunternden Worten.

Briefe an Ihr Vorbild

Gibt es jemanden, den Sie sehr verehren oder der Sie nachhaltig beeindruckt hat? Es kann jemand aus Ihrem alltäglichen Leben sein oder jemand aus der bunten Welt der Stars. Es sollte jemand sein, der etwas hat oder kann, das Sie selbst gerne hätten oder könnten. Auch wenn Sie denken, Sie haben kein Vorbild, so hat Sie sicherlich mal jemand fasziniert, weil er eine gute Rede gehalten hat oder ein gutes Buch oder Gedicht geschrieben hat oder weil er heldenhaft gehandelt hat.

Sie könnten jemanden nehmen, den Sie jetzt verehren oder für den Sie als Kind geschwärmt haben.

In dem Brief können Sie Ihre ganze Bewunderung zum Ausdruck bringen: Was gefällt Ihnen an dem Vorbild? Was bedeutet es für Sie, diese Person als Vorbild zu haben? Was genau tun Sie, um diesem Vorbild nachzueifern? Welche konkreten Versuche unternehmen Sie? Was genau wünschen Sie sich von dieser Person, wenn Sie einen Wunsch frei hätten? Wie anders würde Ihr Leben aussehen, wenn Sie dieser Person immer ähnlicher würden? Es gibt unzählige Arten, Ihrem Vorbild zu schreiben, lassen Sie Ihrer Kreativität freien Lauf. Alles ist erlaubt und niemand muss diesen Brief lesen. Lassen Sie den Brief erst ein paar Tage liegen, bevor Sie ihn sich noch einmal vornehmen und konkret Interessantes anstreichen. Was möchten Sie vielleicht direkt in die Tat umsetzen? Nehmen Sie sich für diesen Brief Zeit, denn er sagt sehr viel über Sie selbst aus. Denken Sie darüber nach, was es über Sie aussagt, dass Sie genau diese Person als Vorbild haben?

Briefe an den Partner

Dem Partner ehrlich sagen, was man ihm schon immer sagen wollte, aber sich nicht getraut hat! Das können Sie tun und zwar in einem Brief, der nicht abgeschickt wird. Zu oft sind wir eingeschränkt dadurch, dass wir uns nicht trauen, uns dem anderen so zu zeigen, wie wir sind, aus der Angst heraus verlassen zu werden. Die Gestaltung des Briefes sollte jedoch eine gewisse Ordnung haben, sonst schadet er eher als dass er nützt.

Schreiben Sie auf, was spontan auftaucht, wenn Sie an Ihren Partner denken: Verletzungen, Schuldzuweisungen, Schamgefühle, Minderwertigkeit, Angst. Hier darf alles hin, was Sie schon immer sagen wollten.
— Schreiben Sie auf, wofür Sie dem Partner dankbar sind.
— Schreiben Sie auf, wofür Sie den Partner um Verzeihung bitten.
— Schreiben Sie auf, was konkret Sie sich vom Partner wünschen.
— Schreiben Sie auf, welche Vorstellungen Sie von einer gemeinsamen Zukunft haben.

Dies alles kann dem Partner in einer ruhigen Minute gesagt werden, den Brief jedoch behalten Sie für sich selbst oder vernichten ihn. Sonst werden Sie sich dabei ertappen, nicht alle Gefühle ehrlich aufs Papier zu bringen. Und darum geht es hier: Ehrlichkeit. Offenheit. Endlich Worte finden für das, was uns verletzt hat. Das ist heilsam, weil Worte schon einen Schritt weiter sind als Emotionen. In Worte geformte Emotionen ebnen den Weg zu einem offenen, ehrlichen und respektvollen Gespräch, zu mehr Verständnis, Vergebung und Einsicht.

Briefe an die Kinder

Zurzeit bitten mich viele Freundinnen um Rat, die Probleme mit ihren Kindern haben. Sie sind schon so verzweifelt, dass sie nur noch das Negative sehen und auf jede kleine Haltung genervt oder ablehnend reagieren. Sie empfinden das Verhalten der Kinder als eine einzige Provokation. Sie denken, die Kinder machen alles extra, nur um sie zu ärgern. Die Kinder denken, alles, was sie tun, sei in Ihren Augen falsch. Durch das Schreiben eines Briefes an Ihr Kind lernen Sie, wieder eine Beziehung zum Kind herzustellen, die trägt.

Schreiben Sie in den Brief alles hinein, was Sie nervt, wütend macht, welche Sorgen Sie sich machen, was Sie an Ihrem Kind schätzen, was Sie sich für Ihr Kind wünschen und wofür Sie Ihrem Kind dankbar sind.

Es geht in den Briefen darum, dass Sie ihre Gefühle klären, ordnen und festhalten, weil sie immer auch etwas mit einem selbst zu tun haben. Es kommen vielleicht eigene Kindheitserinnerungen hoch, die verarbeitet werden wollen. Darüber können Sie mit Ihrem Kind reden, wenn es passt. Dann ist ein Gespräch auf Augenhöhe, in dem es um Lösungen geht, um Verständnis und Annahme, möglich.

Schreiben Sie jeden Morgen in Ihr Journal 5 Dinge auf, die Sie an Ihrem Kind mögen. Tun Sie dies mindestens einen Monat lang.

In dem Moment, in dem wir beginnen, uns auf das Positive an unserem Kind zu fokussieren, wird unsere Beziehung verbessert. Es wird deutlich, wie oft wir eher das wahrnehmen, was uns stört und nicht das Gute, Positive.

Aus allen Formen von Briefen können Sie Gedichte formen. Wenn Sie noch einmal Ihre Briefe durchgehen, schneiden Sie völlig wahllos Zeilen und Sätze heraus, die Sie anspringen. Daraus basteln Sie ein Gedicht, bis es einen Sinn ergibt.

Briefe an einen Verstorbenen

Das Schlimmste, was die meisten beklagen beim Tod eines geliebten Menschen, ist, dass man sich nicht verabschieden konnte. Briefe an die verstorbenen Eltern oder Partner können da eine Hilfe sein. Wenn man den Brief geschrieben hat, legt man ihn eine Zeit an die Seite, geht eine Runde spazieren oder entspannt sich und dann nimmt man wieder seinen Stift und Papier und man schreibt jetzt eine Antwort auf seinen vorherigen Brief aus der Sicht des Verstorbenen. Das ist in der Tat magisch und es wird Sie überraschen, was dabei alles aufs Papier kommt. Lesen Sie diesen Brief ein paar Tage später durch. Nicht wegwerfen! Dieser Brief wird noch oft gelesen, weil er eine Wahrheit enthält, die sehr berührt.

Die Schreib-Praxis:

Übungen und Anregungen

In diesem Kapitel habe ich einige Schreibübungen zusammengestellt, damit Sie sofort loslegen können. Generell lohnt es sich, intuitiv zu schreiben, also den Stift aufs Papier setzen und das Unbewusste zu Wort kommen zu lassen. Nur so schalten Sie den inneren Kritiker aus, der das Geschriebene direkt bewertet oder analysiert. Es geht hier einzig und allein um die Freude am Schreiben selbst.

Autobiographisches Schreiben

Notieren Sie jeden Tag kleine Momente des Zusammenseins mit Ihren Eltern und ggf. Geschwistern, daraus kann hinterher ein großer Schatz an Erinnerungen werden!

Schreiben Sie über die skurrilen Gewohnheiten Ihrer Nachbarn in der Kindheit.

Was waren typische Sprichwörter in Ihrer Familie? Schreiben Sie darüber!

Fotos, Briefe oder Gespräche mit den Eltern sind eine erstklassige Möglichkeit, sich an seine Kindheit zu erinnern. Vielleicht haben Sie noch altes Kinderspielzeug, eine alte Mütze, Schühchen oder was es sonst noch gibt von Ihnen als Kind – versetzen Sie sich in Gedanken in diese Zeit und schreiben Sie darüber!

Wie sah die Kleidung Ihrer Eltern aus? Hatte Ihre Mutter ein Lieblingskleidungsstück? Trug Ihre Mutter Hosen oder Röcke, Schürzen oder Kittel? Wann trug sie was? Erinnern Sie sich, indem Sie anfangen zu schreiben.

Gehen Sie bei Gelegenheit durch Ihre alte Schule, setzen Sie sich in eine Klasse. Sie werden durch die Gerüche, Bilder und Geräusche wieder an die Zeit erinnert. Wie fühlen Sie sich? Was fällt Ihnen zu der Zeit ein? Schreiben Sie darüber!

Teilen Sie Ihr Leben auf einem großen Blatt Papier in 7-Jahres-Abschnitte auf und schreiben Sie jeweils darunter, welche Menschen in der Zeit wichtig für Sie waren, was Sie gemacht haben, welche Träume Sie hatten, wo Sie gewohnt haben.

Schreiben Sie Ihrem Vater und Ihrer Mutter einen Brief. Hier dürfen Anschuldigungen hinein, das, was Sie als Kind vermisst haben, was Sie gebraucht hätten. Achten Sie darauf, dass Sie zum Schluss auch Worte der Dankbarkeit, Vergebung und Liebe wählen. Die Briefe werden nicht abgeschickt, es darf aber in einem geschützten Rahmen über wichtige Erkenntnisse geredet werden.

Schreiben als Selbsterkenntnis

Wann haben Sie das letzte Mal etwas aufs Spiel gesetzt, weil Sie an etwas geglaubt haben?

_____

_____

Für was würden Sie kämpfen?

_____

_____

Welche Werte verteidigen Sie?

_____

_____

Möchten andere so sein wie Sie?

_____

_____

Wenn nicht, warum?

_____

_____

Was wünschen Sie sich für die nächste Woche?

_____

_____

Was wünschen Sie sich für den nächsten Monat?

_____

_____

Was wünschen Sie sich für das nächste Jahr?

_____

_____

Was wünschen Sie sich für die nächsten 5 Jahre?

Was wünschen Sie sich für die nächsten 10 Jahre?

Wie reagieren Sie spontan auf folgende Wörter? Schreiben Sie eine Seite darüber, ohne den Stift abzusetzen. Lesen Sie es erst einige Tage später durch. Erkennen Sie einige Überzeugungen, die Sie ändern möchten?

- Verlassenheit
- Geld
- Erfolg
- Einsamkeit
- Ohnmacht
- Trauer
- Wut
- Liebe
- Freude

Stellen Sie sich vor, Sie sind gerade stolze 80 Jahre alt geworden. Ihr weises, erfahrenes Selbst schreibt Ihrem jetzigen Selbst einen Brief.

Was wollen Sie wirklich?
Wie sieht Ihr ideales Leben aus?
Wie sieht Ihr ideales Ich aus?
Wie ist die Person, die Sie werden wollen?
Beschreiben Sie sie so konkret wie möglich!

Beenden Sie spontan die folgenden Sätze und schreiben Sie einen Text dazu.

Wenn ich wiedergeboren würde, wäre ich ...

Wenn ich Flügel hätte, würde ich ...

Als ich das erste Mal ...

Ich weiß noch, wie ...

Nichts war mir so peinlich wie ...

Ich würde nie darüber schreiben, als ich ...

Ich würde nie wieder ...

Das letzte Mal, als ich mich hilflos fühlte, war als ...

_____

_____

Das letzte Mal, als ich mich glücklich fühlte, war als ...

_____

_____

Das erste Mal, als ich verliebt war ...

_____

_____

Das erste Mal, als ich Liebeskummer hatte, war ich ...

_____

_____

Stellen Sie sich vor, Sie hätten noch fünf weitere Leben zur Verfügung. Was würden Sie in jedem von ihnen tun? Schreiben Sie es auf.

1 _____

2 _____

3 _____

4 _____

5 _____

Stellen Sie sich vor, jemand sagt Ihnen, er hätte den Drang zu schreiben, aber ihn würden immer Dinge ablenken. Er sei auch wirklich gut, wenn er einmal drin sei, aber die Überwindung sei enorm. Wie motivieren Sie ihn? Das ist Ihre eigene persönliche Art der Motivation. Wenden Sie es bei sich selbst an!

Kreatives Schreiben

Schreiben Sie zu folgenden Themen einen Text:

Ein unerwartetes Geschenk
Die Stimme kenne ich doch
Ich bin ich
Mein erstes Tanzkleid
Mein Lieblingsort in der Kindheit
Ein Ort, den nur ich kenne
Da muss man durch

Beschreiben Sie einem „Außerirdischen", wie Sie Ihre Haare kämmen oder Ihre Zähne putzen.

Betrachten Sie sich aus der Sicht Ihres Haustieres, Nachbarn oder Kollegen. Versetzen Sie sich in das Tier oder die Person hinein, sodass sie sich von außen wahrnehmen können. Wie gehen Sie, was tun Sie, mit wem reden Sie, gibt es Unterschiede im Beruf und Zuhause, welche?

Wem sind Sie heute alles begegnet? Schreiben Sie die Personen untereinander auf. Partner, Kinder, Bäcker, Chef, Nachbar... Schreiben Sie über diese Person einen Text, beschreiben Sie ihren Tag, was sie denkt und fühlt.

Nehmen Sie sich Ihr Lieblingsbuch, -gedicht oder -lied zur Hand. Schreiben Sie die erste Seite ab und lassen Sie Ihre eigenen Worte fließen. Ganz wie im Film „Forrester – Gefunden", hauen Sie in die Tasten, denken Sie nicht, schreiben Sie und zwar so lange, bis Sie Ihre eigenen Worte deutlich spüren.

Setzen Sie sich zu unterschiedlichen Tages- und Nachtzeiten in die Bahn, gehen Sie in Stadtviertel, in die Sie sonst nicht gehen, hören Sie den Gesprächen in Restaurants und Geschäften zu und beobachten Sie! Schreiben Sie am besten alles direkt in ein Notizbuch, sonst vergessen Sie es.

Tun Sie etwas, das Sie noch nie getan haben und schreiben Sie darüber! Es muss nichts Spektakuläres sein, es geht eher um die Erfahrung, die Sie machen und um die dadurch freigesetzten Gefühle. Ein Besuch im Café, in der Sauna, ein Urlaub...

Stellen Sie sich vor, Sie wären die Hauptfigur in einem Roman. Wovon würde der Roman handeln? Schreiben Sie einen Rückseitentext für den Roman.

Literaturempfehlungen

Brande, Dorothea: Schriftsteller werden. Berlin 2001.

Brentano, Clemens: Sämtliche Werke und Briefe. Stuttgart 1975.

Breton, André: Die Manifeste des Surrealismus. Reinbek 2004.

Cameron, Julia: Der Weg des Künstlers. München 1996.

Cameron, Julia: Von der Kunst des Schreibens. München 2003.

Dirks, Liane: Sich ins Leben schreiben. München 2015.

Elrod, Hal: Miracle Morning. München 2016.

Gilbert, Elizabeth: Big Magic. Frankfurt am Main 2015.

Goldberg, Natalie: Schreiben in Cafés. Berlin 2003.

Gruwell, Erin: Freedom writers. Berlin 2012.

Haas, Katja: Handlettering. Köln 2017.

Hay, Louise: Gesundheit für Körper und Seele. Berlin 2013.

Heimes, Silke: Schreib es dir von der Seele. Göttingen 2010.

Hemingway, Ernest: Paris – Ein Fest fürs Leben. 1999.

Katie, Byron: Lieben, was ist. München 2002.

Knüfken, Jörg: Das Wunder bleibt aus. Neuried 2013.

Koelbl, Herlinde: Schreiben! München 2007.

Leis, Mario: Kreatives Schreiben. Stuttgart 2006.

Lichtenberg, Georg Christoph: Sudelbücher. Wiesbaden 2011.

Loyd, Alex; Johnson, Ben: Der Healing Code. Reinbek 2014.

Nietzsche, Friedrich: Kritische Studienausgabe. München 1993.

Oates, Joyce Carol: Beim Schreiben allein. Berlin 2006.

Ortheil, Hanns-Josef: Schreiben dicht am Leben. Berlin 2012.

Ortheil, Hanns-Josef: Schreiben über mich selbst. Berlin 2014.

Pennebaker, James; Evans, John F.: Expressive Writing. Washington 2014.

James Pennebaker: Heilung durch Schreiben. Bern 2009.

Platsch, Anna: Schreiben als Weg. Bielefeld 2009.

Rilke, Rainer Maria: Briefe an einen jungen Dichter. Frankfurt am Main und Leipzig 1929.

Sher, Barbara: Lebe das Leben, von dem du träumst. München 1996.

Sher, Barbara: Wishcraft. München 2004.

Schulte, Beatrix: Tagebuch meiner Wünsche. Köln 2017.

Valéry, Paul: Cahiers, Hefte I. Frankfurt a.M. 1987.

Von Scheidt, Jürgen: Kreatives Schreiben. Frankfurt am Main 1990.

Von Steinsdorff, Sybille; Ehmann, Ulrike (Hrsg.): Bettine von Arnim. Vom Herzen in die Feder. München 2008.

Von Werder, Lutz: Einführung in das Kreative Schreiben. Berlin 1996.

Von Werder, Lutz: Lehrbuch des Kreativen Schreibens. Berlin 2004.

Winnewisser, Sylvia: Einfach die Seele frei schreiben. Hannover 2010.

Von der Autorin u.a. erschienen:
2010: Pilgern – Ein Wegbegleiter, Lingen Verlag, Köln
2011: Ich lasse los, also bin ich, Sheema Medien Verlag, Wasserburg/Inn
2012-2017: Engel-Kalender, Lingen Verlag, Köln
2017: Tagebuch meiner Wünsche, Lingen Verlag, Köln

Autorin: Beatrix Schulte

© 2017 by Helmut Lingen Verlag GmbH,
Brügelmannstr. 3, 50679 Köln
Titelfoto: thinkstock

Das Werk, einschließlich aller seiner Teile, ist urheberrechtlich ge-
schützt. Jede Verwendung außerhalb der engen Grenzen des Ur-
heberrechts ist ohne Zustimmung des Verlages unzulässig und
strafbar. Das gilt insbesondere für Vervielfältigungen, Übersetzun-
gen, Mikroverfilmungen und die Verarbeitung in elektronischen
Systemen.

FSC
www.fsc.org
MIX
Papier aus ver-
antwortungsvollen
Quellen
FSC® C104350

Printed in EU
Alle Rechte vorbehalten.
www.lingenverlag.de
www.dastutmirgut.net